下一代书店·光颜值还不够

《第一财经周刊》未来预想图 / 赵慧 主编

东方出版社

WELCOME。

WELCOME。

主编 Editor in chief
赵慧 Zhao Hui

—

编辑 Editor
肖文杰 Xiao Wenjie

—

主笔 Senior Writer
李蓉慧 Li Ronghui

—

视觉总监 Creative Director
戴喆骏 Dai Zhejun

—

设计总监 Design Director
徐春萌 Xu Chunmeng

—

**新媒体设计总监
New Media Design Director**
王方宏 Wang Fanghong

—

资深美术编辑 Senior Designer
景毅 Jing Yi

—

图片编辑 Photo Editor
殷蔚 Yin Ying

—

插画 Illustrator
于瑒 Yu Yang

—

图片后期制作 Photo Art
金迪 Jin Di

—

流程编辑 Process Editor
俞培娟 Yu Peijuan

撰稿人 Correspondents
孙梦乔 Sun Mengqiao
李思嫣 Li Siyan
唐雅怡 Tang Yayi
戴恬 Dai Tian
管家艺 Guan Jiayi
季扬 Ji Yang
潘尼克 Panic
林士尧 Cez Lin

—

摄影 Photographers
王猶和 Fabian Ong
📍 新加坡 · 日本
唐雅怡 Tang Yayi
📍 日本
岳洁 Kathy Yue
📍 美国
林秉凡 Lin Bingfan
📍 日本

图集 P6-P10，P12-P13
图片摄影师为王猶和。
All photographs are by Fabian Ong on P6-P10,
P12-P13.
图集 P11，P14-P15
图片摄影师为岳洁。
All photographs are by Kathy Yue on P11,P14-P15.

—

未标注版权图片来自
华盖创意与视觉中国。

—

本书为《第一财经周刊》
"未来预想图"项目 主题书系列 · 第二册
Mook Series of Dream Labo Project
CBNweekly · No.2

加入撰稿人团队，
请联系：
dreams@cbnweek.com

别被美遮住了眼

by／主编 赵慧

我们身边的书店正在发生变化。

就像是新店标配，咖啡空间纷纷开进了书店——当然有一个扯不清的问题是，你是否可以喝着咖啡看未结账的书。书店们更喜欢办活动了，从新书签售，到大大小小的主题活动，书店运营者们很愿意用这种方式让更多读者多一个走进书店的理由。

甚至服装、杂货等零售店，也将店铺内一定区域让给了书——它们并不在意书能带来多少收入，书籍能够为店铺清晰揭示目标族群。

看起来好像书店复苏？但也有太多书店关门的消息，它们败给了那些认为自己喜欢读书、却忍不住在书店掏出手机查询网上书价的读者们的选择。但没人能怪读者，在能够拥有更经济选择的前提下，即便是书店，也没有权力用情怀与努力程度去绑架读者的同情。

所以本质上回到一个问题：书店看似卖书，它提供什么附加价值？换句话说，书店的 know-how 是什么？

这个问题其实能牵引我们理解很多现象。当一间书店开始试图改变外部设计环境的时候，它也许能够靠一波宣传热潮吸引一批来探店的人，但是它必须拥有自己的独特价值，才能吸引读者们不断到访。这个价值绝不仅仅是视觉系统。除此以外，与书有关的政策环境也起到了相对重要的作用，它可能决定了你愿意以什么样的心理价格，以及愿意实际支付多少钱买到书。

拜访日本茑屋书店的人，既有享受环境的读者，也有书店业界从业人士。然后很多人去看了、做了笔记，立刻跃跃欲试想复制、尝试。但大家也需要思考一连串的问题：茑屋书店在不同街区的店铺都卖一样的书吗？在店里的咖啡厅，为什么可以一边看书一边喝咖啡？茑屋书店多久更换一次主要堆头与主题摆设？它的活动频次如何，都是什么主题？什么吸引了读者们反复多次拜访茑屋书店？人们在茑屋书店消费什么，体验什么？

只有先考虑清楚这些，你才会弄明白，仅仅复制视觉系统并不能解决一切问题。

同样在东京，另一间让我印象深刻的店铺是青山图书中心（Aoyama Book Center）。我曾跟朋友说，每次去逛，我大概只能逛完两个书架。它的设计毫不起眼，甚至充满了古老图书馆的陈旧味道，但你只要进去走两步，一下子就能感受到这间书店的选书能力。在一本你感兴趣的书籍旁边，同类书籍一本接着一本，让人欲罢不能。

这种情景，在亚马逊实体书店里也有发生——只不过这种让人激动的体验由算法而非有经验的选书人实现。所以也许当你读完这本mook之后，能够体会到书店最重要的是什么——一段或独处，或与人交流的时光，一股被击中兴趣区域的兴奋感，一个引领你自然走向好奇深处的空间，最后你或许会喜欢上它，记住它的名字，下次再来。¶

目录

综合趋势
书店案例分析
话题与讨论

我们太熟悉这些书店的样子了。

理所当然，却毫无新意。

它们想赶上每一次浪潮，

却失去了曾经支持自己的读者们。

Q1

上一代书店什么样？

A Novel by
STEINBECK
"TORTILLA FLAT"

Gardening

Action &
Adventure

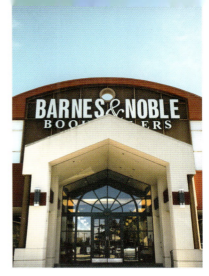

本来，在这个"上一代书店"的 list 里，
还有一长串名字。但是我们很快就发现
——在全球的各个角落，
那些人们认为被颠覆的东西，
都长着非常类似的面孔。所以我们才会说：

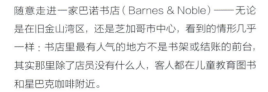

by /李蓉慧 photo /Kathy Yue

随意走进一家巴诺书店（Barnes & Noble）——无论
是在旧金山湾区，还是芝加哥市中心，看到的情形几乎
一样：书店里最有人气的地方不是书架或结账的前台，
其实那里除了店员没有什么人，客人都在儿童教育图书
和星巴克咖啡附近。

对如今的巴诺书店来说，儿童教育图书区域是大多数
店铺的标配，有的甚至占据店内约四分之一的面积。书
籍、卡通人物玩偶、游戏设备应有尽有，家长们似乎都
乐意让孩子在这个安静的空间里翻翻书，或者就坐在
店内的活动空间里玩耍。

大部分巴诺书店内都有星巴克咖啡，如果你有巴诺书店
的会员卡，买咖啡会有点折扣。总有人拿着一两本杂志
或书，配上一杯茶或咖啡开始阅读。客人中也有附近的
学生，他们把课本和作业摊开在桌上。如果没有座位，
杂志区旁边总有一张长椅，或者坐在地上也没关系。偶
尔有来逛一逛或躲雨的游客，他们点一杯咖啡坐在这
里。可能因为店内太安静了，商量接下来去哪儿时必须

巴诺书店的设置和你印象里的传统书店一样：全面。

一再压低声音。

从表面上看，如果按照对一家书店的评判标准，巴诺书店的一切"设置"可能都没什么问题。

它的选址并没有什么大问题。无论是我们到访的芝加哥市区还是旧金山湾区，巴诺书店都占据着不错的位置。别说芝加哥市中心，在 2014 年之前，巴诺书店还曾在纽约第五大道有一间旗舰店。在由数个小城镇组成的硅谷，每个小镇的购物中心总有一个巴诺书店，而且店铺都在主干道旁，路过的人们一眼就可以看到巴诺书店标志性的绿色建筑（个别是红色）。

书店的库存和内部陈设也足够丰富，超过不少普通连锁书店和独立书店。书籍按照小说、商业、体育、历史等分类摆在书架上，畅销书或者店员推荐的书会有专门摆放位置。如果是和星球大战、哈利·波特等热门文化标签相关，书、电影和周边产品会被放在一起（亚马逊的实体书店也是这么做的）。更不一样的是，个别巴诺书店会为音乐、电影等设置一个区域，就像它们为儿童书籍开辟的空间那样。在唱片店已经成为"文艺"和"稀有"的零售店时，巴诺书店还是音乐、电影爱好者的好去处。

如果说如今大部分书店都要靠销售非书籍类商品增加收入，那么巴诺书店提供的选择比普通书店或独立书店更多：包括旗下电子书设备、文具、畅销书（如《哈利·波特》）周边产品、玩偶，甚至儿童的圣诞节服饰。

当然这家书店最出名的，除了美国最大连锁书店的名号，还有与星巴克的独家合作。这也是大部分巴诺书店里都有一家星巴克咖啡的原因。另外，由于空间足够，这里也会经常举办活动，被视为社区文化交流中心。

唯一的问题是，越来越少的消费者会在这里买书。那些坐在杂志边长椅上看杂志、

坐在星巴克咖啡里读书的客人，可以用一杯咖啡的价格在这里消磨一个下午的时光，但未必愿意把这些杂志和书买回家；更不要提他们可以在亚马逊上下单，以更便宜的价格买入。

据《财富》杂志报道，截至 2017 年 4 月，巴诺书店共有 632 个门店，2.6 万名员工。在 2017 年圣诞季，实体店营业额下滑 6.4%，线上营业额下滑 4.5%，英国《卫报》的一项统计表示，巴诺书店的实体店销售额已经连续 11 年下滑，过去五年间市值共减少 10 亿美元。2018 年 5 月，《纽约时报》专栏作家大卫·里昂哈特（David Leonhardt）发表文章称，走进这个书店就能感觉到，它正处于困境中。

到底是哪儿出了问题？

巴诺书店辉煌历史的起点可以追溯到 1886 年。哈佛大学毕业的克利福德·诺贝尔（Clifford Noble）来到 Arthur Hinds 书店工作，八年后，他成了这家书店的合伙人，并把自己的名字写进了书店——"Hinds & Noble"，到 1917 年与朋友的儿子威廉·巴尼斯（William Barnes）合伙经营书店时，又将书店的名字改为如今的 Barnes & Noble。1932 年，他们在纽约第五大道 105 号开设了第一家旗舰店，总部办公室也在附近。那时，他们已经涉及出版业务，也在布鲁克林、芝加哥等地开店。

随着两个创始人先后离世，巴诺书店的生意动荡了两年，却遇到了真正将它变成"超级书店"的人——雷奥纳德·瑞吉奥（Leonard Riggio），这位纽约商人在 1965 年开始尝试图书销售的生意，当时主要卖针对学生用的教科书。1971 年，雷奥纳德用 120 万美元的价格买下了巴诺书店，并且保留了它原本的名字。

在雷奥纳德的管理下，巴诺书店成为美国第一家在电视上做广告的书店，以及第一家销售打折图书的书店。为了获得新的消费者，巴诺书店当时尝试过开设面积小但专门销售打折书籍的小型店面（后来与大型店整合），也尝试将精装书邮寄给消费者，满足那些因地域限制无法来店的客人。

更重要的是，雷奥纳德做了一系列大手笔的收购。其中最重要的一笔生意莫过于 1987 年针对商场销售为主的 B.Dalton 连锁书店的收购，它帮助巴诺书店获得了 B.Dalton 在全美的 797 个连锁店面，也让巴诺书店立刻跻身于连锁书店的行列。

自从出手收购，雷奥纳德就为巴诺书店定下了"超级书店"（The Book Superstore）的构想：在书店的基础上开辟出休闲空间，举办文化艺术活动。这些图书零售方面的创新配合新书打折、巴诺出版的图书提供更多折扣等促销方法，打击了独立书店和其他连锁书店。1993 年，巴诺书店上市，并且从这一年开始，巴诺书店里开始提供星巴克咖啡。

这其中还有一个背景信息：二战后美国经历连续二十年的经济增长，1971 年收购发生前后，汽车已经逐渐普及，中产阶级扩大并搬往郊区，连锁超市沃尔玛、咖啡品牌星巴克（星巴克也是在 1971 年创办的）、商场 Sears 的崛起都与这一现象有关。所以也可以说，雷奥纳德把巴诺书店变成一家美国连锁书店，是顺应潮流之举。

标准化带来了快速复制和扩张，但当亚马

逊这样的竞争对手出现时，巴诺书店的商业模式也是最脆弱的那一个。

杰夫·贝索斯于 1994 年创办亚马逊后，以更便宜的价格销售纸质书，从而影响实体书店书籍销量的做法，与当年巴诺书店打折售书打击独立书店的做法如出一辙。虽然多年来书商、连锁书店和独立书店的生意都受到了亚马逊的冲击，但事实上巴诺书店与亚马逊才是正面交锋——巴诺书店的核心在于标准化，畅销书是销量增长的主要动力，这也是大多数连锁书店遵循零售二八法则的结果。人们到亚马逊上主要购买的也是畅销书，独立书店反而因为其独特的品牌故事和推荐书籍力求与连锁书店不同而显出了差异化。

这也是巴诺书店在电子书和电子书阅读设备方面必须与亚马逊一决高下的原因之一。亚马逊在 2007 年推出了电子书阅读器 Kindle，巴诺书店晚了两年，在 2009 年推出自己的电子阅读器 Nook。根据《卫报》2018 年 5 月的报道，巴诺书店 Nook 设备已经损失了 13 亿美元。

从时间上来看，Nook 已经晚了两年，是追赶者的定位；亚马逊创造了在线售书 —Kindle— 带动在线售书的逻辑，巴诺书店想让 Nook 既对抗 Kindle，也顺应电子阅读时代。但问题在于，一家靠出版和实体书店发家的公司很难对抗一个以技术为基因的公司，特别是在做一款电子设备的时候。

Nook 也没能与巴诺实体书店形成优势互补。为了追赶亚马逊，巴诺书店把精力分散在电子书阅读器和实体书店两个赛道。硬件市场里，前有 Kindle，后有三星、华

为迎接电子书挑战，巴诺书店推出了自己的阅读器。

硕等厂商生产的小尺寸平板电脑；另外实体店也没有做出适合读者新需求的调整。2012 年圣诞购物季，巴诺书店实体店和网站营收同比下滑 10.9%，Nook 销量同比下滑 26%。2013 年，时任巴诺书店首席执行官，此前一直负责电子书项目的威廉·林奇（William Lynch）辞职，这件事也意味着，Nook 项目不再受到重视。

巴诺书店最终于 2016 年宣布终止 Nook 的应用商店（Nook App Store）与视频业务，Nook 硬件还在，但软件方面，巴诺只会将精力放在电子书与电子杂志上。科

技媒体 The Verge 对此评论道，"在你阅读这篇文章之前，没人记得 Nook App Store"。

不仅如此，它的实体书店收入也开始连续下滑。2018 财年第三季度报告显示，截至 2018 年 1 月 27 日，巴诺书店总销售额为 12.3 亿美元，与 2017 财年同期相比下降 5.3%，同店销售额同比下降 5.8%。

"人们可能会进来逛逛，但是不会买什么东西。他们没有这个需求，也没有时间。人们的购物习惯改变了，这是巴诺书店真正的危机。"零售业咨询公司 Global Data Retail 分析师尼尔·桑德斯（Neil Saunders）说。他认为和其他书店相比，巴诺书店的客源大部分是去商场购物再顺便去书店的人，而这部分由商场带来的客流，也因为商场的生意受到亚马逊的冲击而再度减少。

这类故事其实总有个类似的模式，即便遇到强大的竞争对手，企业的根本问题仍然来自自身。一个经典困境往往在于，这些公司与消费者的步伐不一致了。

美国在 20 世纪 60 年代开始中产阶级郊区化进程，从 90 年代开始出现城市回流现象，年轻人愿意回到城市里生活和工作，而不是待在郊区，这也带动了后来的城市士绅化（gentrification）运动。前纽约市市长迈克尔·布隆伯格（Michael Bloomberg）2013 年在斯坦福大学毕业典礼上演讲时，就曾用纽约的城市生活吸引硅谷的年轻人，他开玩笑说："在纽约，周五晚上能做的事情比在太阳谷的必胜客吃饭丰富多了。"

巴诺书店并没有跟上这次变化，更无法影响带动这次变化的新一代年轻人。这些年轻人与他们的父母——战后婴儿潮一代不同，他们更愿意住在城市里，既会去亚马逊上买书，也愿意支持独立书店。他们在意的关键词是"便捷"和"独特"。就连连锁店数量超出巴诺书店一大截的星巴克——根据在线数据统计门户网站 statista 的数据，截至 2018 年，星巴克在美国共有超过 1.3 万家连锁店，也正在被以蓝瓶咖啡（Blue Bottle Coffee）为代表的新一代咖啡馆所挑战。这不仅代表着两个公司之间的竞争，更是消费人群和消费特征变化带来的改变，这也是星巴克董事会执行主席霍华德·舒尔茨（Howard Schultz）辞去首席执行官职位，为星巴克发展精品咖啡的主要原因——他们需要抓住新的消费者。

巴诺书店自然也意识到了这一点。在 2018 年年初宣布裁员 1800 人之后，巴诺公司宣布了一项看上去不那么吸引人的"长期战略计划"，以提升顾客满意度，增加收入。它的实体店内不再设音乐、电影等品类，将会翻新文具和礼品区，并且将在 2019 财年开设 5 家"示范店"。未来的巴诺书店可能不再像如今这么大，虽然仍以图书销售为主，但也会销售包括咖啡在内的其他非图书产品。

沃顿商学院市场营销学教授彼得·费德（Peter Fader）在沃顿商学院网站上公开分析巴诺书店商业模式时说，巴诺书店总以为自己的竞争对手是亚马逊或者其他销售书籍的公司，但在当今这个时代，星巴克才是巴诺书店的竞争对手。巴诺书店应该成为这样一个地方：人们可以进去随便逛一逛，或者在这里度过一段优质的时光，或者看看书，学到些东西。正是这样的地方才有钱可赚。¶

最常见的变化莫过于引入毛利更高的咖啡。

但是简单复制书店＋咖啡模式真的可行吗？

书店们在试图弄明白，这个市场需要的是什么，

贩卖的到底是书，还是一个下午的时光？

Q2

什么在变？

实体书店变得更像"复合生活空间"，那它们还是"书店"吗？

by／吴洋洋 张莹 叶雨晨

如果去北京蓝色港湾的西西弗、"字里行间"等书店逛，会有和传统书店完全不同的体验，它们不再像传统印象中的"书店"。

这些新书店不止卖书，还卖杂货、咖啡，甚至简餐。整个"书店"中，书的陈列面积最多占到六七成，但咖啡区几乎成了标配："书店"面积再小，经营者也一定会空出一角，装上咖啡机，摆上几张桌椅，然后就像星巴克那样开始营业了。

这些并不是最"夸张"的，倘若再逛到方所或中信书店，那种颠覆感可能会更强。前者成都太古里店4000平方米的空间里只有30%至40%的区域在卖书，后者的门店则会售卖无人机和其他一些例如互联网音频、基因测序服务等虚拟商品。

这些"不像书店"的书店的开店速度也是许多传统书店望尘莫及的。经营了20多年，北京三联韬奋书店总共只有3家店，而西西弗，它在过去两年间分别开了20家新店，在全国的总门店数已经达到67家。至于中信书店，它对外宣称的扩张计划是1000家。

一夜之间，城市的购物中心、写字楼、机场甚至郊区的奥特莱斯，到处都是这种新书店。它们通常装修别致，有的建在海边，有的配置了挑高10多米的阅读厅，有的还提供小书房……重点是，除了卖书，它们还卖很多别的东西。

这派繁荣景象很难让人相信，仅仅两三年前，因为电商竞争和房租上涨，市场上还到处是书店关门的消息。当时，北京最大的书店第三极书局和深圳第二大单体书店深圳购书中心相继停业。之后，上海的严博飞卖掉了季风书园，它曾是上海的文化地标，在上海曾拥有8家门店。

眼前的繁荣里，有一股特殊的推动力量，那就是商业地产公司。就在实体书店被电商碾压的四五年间，购物中心这一实体店形态开始扩张。北上广深等一线城市

越来越多"不像传统书店"的书店正在浮现。

青岛万象城方所书店（上）与南京大众书局（下）。

每年都有几十家新的购物中心开业。为了吸引人流，这些购物中心在招商时一度最爱餐饮业态，饱和之后，书店又成为它们招商名单上的贵宾。只要书店愿意进驻，购物中心愿意减租金，给装修补贴，甚至"什么条件都可以谈"。而在那些被书店品牌嫌弃的地方，比如不成熟商圈的新开商场或者写字楼，商场甚至愿意加盟一家书店亲自运营，只要对方同意挂上书店的招牌。

"多种业态互相配合能产生积极的化学反应。"香港太古地产一位不愿具名的人士说。他所在公司旗下的太古汇开到哪里，就会把方所或者 PageOne 书店带到哪里。

在大悦城，这种追求业态多元性的做法被称为"管理消费者的时间表"——人停留在商场里的时间越长，意味着他们在商场里消费的可能性越大。2015 年，上海大悦城二期建成后，就把 6 楼步梯口的位置留给了西西弗书店。

更重要的开店动力，当然还是来自"书店"自身。

在 2017 年因租约到期关店之前，每个周末，位于上海市福州路 579 号的大众书局都座无虚席。890 平方米的书店里，书架和文具都靠边排列，中间 200 平方米的地方是一片咖啡区。花 30 元买一杯咖啡，你就能坐在书店提供的沙发里，随意翻看店里的书。如有必要，店员甚至还会拆新书给你。

从每天早上的第一拨客人算起，这片咖啡区能连续接待三四拨人，日均卖出 200 杯咖啡，销售额超过图书。

这种景象从 2012 年就开始了。那一年，大众书局开始拉长经营时间，由只在白天经营改为 24 小时营业，并增加了咖啡区，后者直接拯救了这家饱受电商威胁的书店。"图书的毛利率平均只有 30%，但咖啡至少翻一番。"上海大众书局总经理助理朱兵说。

没错，多元经营之后，书店重新成了能赚钱的生意。

差不多时间，西西弗和今日阅读分别在贵州和成都开始了自己的转型——在原先经营的商品结构中加入咖啡、文创等多元业态。今日阅读因此还改了个更有设计感的名字，把繁体的"設"字拆开，叫作"言几又"，以示自己在设计而非阅读领域的志向。转型之前，它们和三联韬奋书店一样是图书零售的专营者。

这种多元化在最初多是联营模式，即把场地出租给咖啡、文具领域有经验的经营者。以大众书局为例，它找来百新文具和晨光文具在店内开"店中店"。试水成功之后，它们就向自营的方向发展了。2014 年，大众书局从原先的合作方手中接过咖啡区的经营权，从 Costa 挖来咖啡师和店长，推出自有咖啡品牌"纸品咖啡"。

除了咖啡和文创产品，签售会、名人讲座或者读书会等线下活动也是多元型书店的常见策略。西西弗称自己每年举办的活动达到上千场。

当传统书店忙着转型的时候，很多业外人也看上了这门生意。比如服装品牌"例外"和投资公司北京建投，它们分别推出了方所（2011 年）和建投书局（2014 年）。前者是一家把图书、服装、咖啡和杂货组织在一

31

苏州诚品VS成都方所

	体量	所在购物中心	商业定位	人流量	书品陈列面积占比
诚品書店	苏州诚品总经营面积5.6万平方米，其中诚品书店占据近1.5万平方米	苏州诚品	一座兼具人文阅读、创意探索的美学生活博物馆，包含"诚品生活文创平台"和房地产家居"诚品居所"的超大文化综合体	苏州诚品开业20天人流量即超100万人	28%
fang suo commune	4000平方米	成都远洋太古里	集服装、书籍、咖啡、美学生活和展览空间为一体的复合跨界文化平台	工作日8000人左右，节假日最高人流量超过2万人	50%

起的"复合型书店"，后者挑出的业态是图书、咖啡和文创。

很难说是谁最先把其中一只脚迈出图书领域的，但所有这些新书店都承认受到过中国台湾诚品书店的启发。

几乎每一个到台湾旅行的大陆游客会去逛诚品书店，拍照片在社交网络上分享，并带一些小礼品回来送人。在尚未进入大陆开店之前，诚品一直是大陆书店从业者的主要研究对象。

以卖书起家的诚品，一步步在书店里开起了服装店、餐饮店、杂货店——都是以出租铺位的形式。另外，它也自己设计和生产文具、创意礼品，并把它们和图书交叉陈列，而不是像传统书店那样文具和图书单独陈列在各自的销售区域。

"零售服务业从专卖走向复合式，大概是最近一二十年的演变。而所有零售业中，只有一个行业一直在坚持专业经营，那就是图书业，不止中国，全世界都这样。我就想，这到底是专业的必要，还是自我的限制。"诚品书店总经理李介修在苏州诚品开业时说。他1998年加入诚品，参与了诚品从一家书店向多元生意跨界的全过程。

毛继鸿显然认同专营是一种自我限制。作为"例外服饰"的创始人，他于2011年推出书店品牌方所时，就赋予后者多种业态的兼营角色：既卖书，又卖例外的服装，还有从其他独立设计师那里采购来的文创产品，曾在诚品书店任店长的廖美立也被找来当顾问。

除了经营模式，诚品书店的陈列方式也是被模仿对象。"就像编辑写文章一样，把合

八大城市书店品牌占比

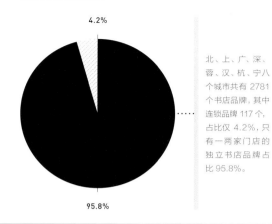

4.2%

北、上、广、深、蓉、汉、杭、宁八个城市共有 2781 个书店品牌，其中连锁品牌 117 个，占比仅 4.2%，只有一两家门店的独立书店品牌占比 95.8%。

95.8%

数据来源: 商业地产咨询公司 RET 睿意德《2016中国跨界书店研究报告》

适的书放在合适的位置，放在起承转合的地方很重要。"方所文化处总监徐淑卿说。

廖美立给出的陈列目标是"每本书之间没有一句废话"。以木心的作品为例，它既可以被放入中国当代作家的书架，也可以用一整个书架陈列，包括他的作品、他读过的书、他喜欢的艺术家的书……一本书因此可能有多个适合摆放的地方，这与传统书店刻板地把"鲁迅作品集"固定陈列在一起的效果完全不同。

建投书局也在学习诚品的陈列精髓。比如，诚品书店所说的"书与非书之间"，建投书局也在研究"把什么和什么放在一起不冲突"，且能"相互促进"。

在建投书局的上海门店里，和茶器放在一起的不是花瓶，而是与茶相关的书。建投书局认为，对茶感兴趣的人很可能会对茶

相关的知识感兴趣，看到好的器物也可能购买。这样的联通性就可以形成一个产品组合。

在编辑思维的基础上，建投书局进一步提出"产品思维"。在建投书店投资有限公司副总经理张权眼里，除了靠墙的书架，每个平摊开的展台都是一个产品，当下正热的人工智能就在其中占据一个展台，除了摆放与人工智能相关的书，展台上还有可出售的小机器人，并随附一页关于人工智能的简单介绍。

这些"产品"会定期更换，下个月可能就是其他主题的"产品"。负责采购的选书人、文创开发者、陈列师以及门店直接面对顾客的店员，各职能部门因此要打通合作，为同一个产品的组合和销售结果负责。

"陈列是给客人推荐产品的方式，如果你有好的推荐方式，客人的接受度会更高。不断更换陈列，也能让读者感觉常来常新。"张权说。他们最近准备尝试的陈列方式，是把所有的书以传记人物串起，比如把张爱玲的传记、她的作品、研究她的作品、和她相关的作品陈列在一起，其他每个传记主角则是另一个王国，这样可以帮每个读者因对一个人感兴趣而发现一大片关联图书。

不过，北京三联韬奋书店副总经理王玉认为，书品与内容选择仍然是书店非常重要的事。和传统书店相比，那些既卖书又卖百货的"书店"可能很难再称之为书店，它们更像是小型购物中心。王玉倾向于书店80% 以上由图书构成。目前三联韬奋书店95% 的商品都是书，剩下的 5% 是文创产品。这个数字与西西弗、方所、建投书局在

内的"新书店"完全不同——西西弗书店里的图书销售面积有六七成，方所则把三成面积给了图书。

三联韬奋书店的书品仍然以人文社科为主，"韬奋书店有自己的选品坚持，不会迎合采进类似流行畅销书。"王玉说，三联也有新书、畅销书展台，那是由书店经过筛选符合书店选聘要求的图书品种，书籍陈列遵循三联的传统，王玉更愿意把三联韬奋书店看作一家"有着厚重、朴素、温度、纯粹情感的书店"。

西西弗董事长金伟竹则认为，在这个时代做书店，除了要懂书、懂内容之外，也要懂新市场的变化。

1993 年创立时，西西弗是一家人文社科类书店，但随着实体经营店的租赁成本上升和电商兴起，经历过"差点死掉"的境况之后，它就决定不再纠结"书店应该是文化的还是商业的"问题。2007 年转型时，西西弗的目标变成了"追逐坪效"：只开 500至 800 平方米的小店，书架与书架之间的摆放尽量紧凑，书的选择不根据个人偏好，而依照数据。

改变定位之后，西西弗董事长金伟竹开始把图书当成一般商品经营。他因此引入了其他零售领域的数字化管理，从多个维度给每本书都打上 10 多个属性标签，把客群和产品做数据化匹配，然后，根据门店所在的商圈客群、消费能力等判断一本书值不值得被采购，适合放进哪家书店，需要跟什么书摆放在一起……书的"进、销、存、退"都变得标准化。

"行业内没有可供效仿的对象，我们一早就

新书店最倾向于选择的跨界业态

数据来源: 商业地产咨询公司睿意德

"新书店"选址策略偏好

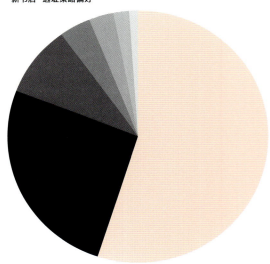

● 购物中心	56%		● 医院/学校/车站培训机构/风景名胜区	3%
● 街铺/步行街	26%			
● 百货广场	9%		● 写字楼	2%
● 古迹/博物馆风景名胜区	4%		● 图书城	1%

数据来源: 商业地产咨询公司 RET 睿意德《2016中国跨界书店研究报告》
注: 报告内各类别的占比数字经过四舍五入，故出现合计为101%的情况

2014 年 4 月 8 日，北京三联书店推行 24 小时营业的第一天。

把参照目光投向了泛零售领域和例如优衣库、星巴克这样的一流连锁零售企业。"西西弗书店总经理助理曹晋锐说。

现在，代替人运作书店的数控模型在西西弗多达 19 个，这套数字化管理方法"让员工可以从繁复、不稳定的个人判断中解脱出来"，使开店更高效。西西弗测算，按它的标准化模式操作，只要一家书店日均进店人数超过 1000 人，就能保证赚钱。

这套数控模型导致的另一个结果，是深度偏专业的小众图书再也没有出现在西西弗书店里，而大众畅销图书的品种慢慢占据主流。金伟竹把这种生意称作"转换"的生意——把基本不读书的人转换成读书人，所以它的店全部都选在大众型购物中心里，那里有大量人流，潜在消费者可能在附带逛一下书店时买走一本书。因此西西弗还在

书店的地板上设置了"傻瓜"线路图，哪怕是第一次逛书店，也能迅速找着书。

朝类似方向发展的还有大众书局。

"图书业也有'二八原则'。"朱兵说。那些真正看书但不看畅销书的人一定有，但毕竟是少数。与西西弗靠数据说话不同，他筛选"畅销书"的方法更媒体化：看社交媒体的推荐。

朱兵最近操作的一单畅销书生意来自《未来简史》。2016 年春节之前，看到社交媒体上对这本书的讨论热度，大众书局向中信出版社下单订了 800 多本，每本 68 元，不打折，春节期间全部卖光。有一些书店备货不足，则只能等着出版社加印，二次销售因此要等上至少一个月，但那时畅销期早就过了。据大众书局估算，一本畅销书的

零售服务业从专卖走向复合式，大概是最近二三十年的演变。而所有零售业中，只有一个行业一直在坚持专业经营，那就是图书业，不止中国，全世界都这样。我就想，这到底是专业的必要，还是自我的限制。

[一] 如果不是简餐（咖啡），销售额会少很多。

[一] 行业内没有可供效仿的对象，我们一早就把参照目光投向了泛零售领域和例如优衣库、星巴克这样的一流连锁零售企业。

[一] 图书业也有「二八原则」。

[一] 把书种比较完整地呈现，长时间经营下来会有好的结果。当你的目的只有一个（卖畅销书）的时候，就会面对电商的挑战。

[一] 诚品的经营要点是空间。

[一] 图书有个特别的特质，就是它是有「多元内容」的商品，可以延伸出很多与生活相关的议题。

[一] 如果书的内容不够吸引人，就吸引不到对相应延伸商品感兴趣的人。

[一] 如果我们已经清楚知道答案是什么，那只要有好的团队和执行力把它变成现实就好了。但其实没有一个标准答案，大家都在探索。不一定是诚品模式，也不一定是茑屋模式。

POINTS

最佳销售周期只有一个月左右，然后是下一本畅销书。比如《未来简史》火了之后，紧接着就是因诗词大会火起来的诗词类图书。

这家书店里最好的位置是为畅销书保留的，门店广播和海报还会循环播放有关这些畅销书的信息。而那些进店就被塞到书架，只露出书脊而非封面的书，如果一周没有产生销售，则只有一次放到展台上以封面示人的机会，若再不出单就会被退掉。总之，把有限的位置让给畅销书。

从收益结构上看，包括大众书局、西西弗、方所和建投书局在内的书店的确都在靠书之外的东西赚钱。

即使在诚品模式里也是如此，图书销售只是这家公司收入的一部分。2010 年时，为了更好地管理书和书以外的生意，诚品成立了独立于诚品书店的"诚品生活"公司，专门管理文创、百货、地产等图书之外的业务。很长一段时间里，诚品都靠诚品生活的生意获得收入，弥补诚品书店带来的亏损。

但不同之处在于，诚品书店并没有变成一家以卖畅销书为主的书店。若按照每年每本书销售 1000 本以上算畅销来定义，这样的书在台湾的诚品书店不到 1%。在总量达 25 万种的图书里，超过 90% 的书是其他书店定义中的滞销书：每年销售 99 本以下，平均每家店一年卖两本多，销售额只占总量的 30%。但这个图书结构还是让诚品书店在台湾实现了盈利。"把书种比较完整地呈现，长时间经营下来会有好的结果。当你的目的只有一个（卖畅销书）的时候，就会面对电商的挑战。"李介修说。

另外，去一些"新书店"的体验可能也没那么好。倘若坐进它们的咖啡区而没点一杯咖啡，很可能会被店员以"我们这里是消费区"而赶走。或者刚坐下来还没坐稳，店员就站到面前催着点单了。停留的时间足够久，还可能听到他们相互抱怨那些坐在地上的"只看书不消费"的人，因为他们要因此整理更多被放乱的书。

跨界后的书店生意，如何在盈利的同时，保留甚至提升书店的品质和特色？诚品值得借鉴的不止是多品类的收益模式，还有对空间氛围的探索。

"诚品的经营要点是空间。"李介修说。诚品书店一开始就表现出的跨界经营，并非因为前述"专业的必要还是自我的限制"的问题，它一开始想的其实是书与人的互动方式，是一种空间意识。

1989 年在台湾开第一家店时，诚品就引入英国的瓷器、法国的画作等商品，将它们跟图书交叉摆放，称之为"生活风格"（lifestyle）类别。对于那些屋子里塞满书，只有图书、货架和狭窄过道的传统书店，诚品认为它们"缺少活力和互动性"，而这两点是一个有吸引力的空间需要具备的。

再放大一点看，这种空间意识的起点与当时台湾社会中产阶级的生活背景也有关。诚品创立的 20 世纪 80 年代末，台湾社会刚刚经历了经济高速发展，中产阶级出现并有了一定的物质基础，他们开始注重闲暇时间的处理方式。原先，这些年轻人大多宅在家里，这时候他们对注入精神层面感受的公共空间有了需求。

重视空间经营的诚品一诞生，年轻人就一

成都言几又书店也开始销售与生活方式相关的商品。

拥而入，就像稍晚时他们集体涌入星巴克一样。如果说这两个品牌有什么共同点，那就是它们其实都在售卖空间或生活方式。

"图书有个特别的特质，就是它是有'多元内容'的商品，可以延伸出很多与生活相关的议题。"李介修说。在诚品塑造的空间中，所有延伸出来的生意都起自于书：诚品开的餐厅来自对饮食图书的延伸，电影院和画廊则延伸自戏剧、电影、绘画等艺术书籍。而且不止向外延伸书里提到的商品，还延伸与书相关的活动——不管是签书会还是表演活动——目的都是让人不一定因为"要买书"才走进书店。

如果书的内容不够吸引人，就吸引不到对相应延伸商品感兴趣的人——这个逻辑决定了诚品书店不会只陈列和销售内容浅显的畅销书。进入苏州开店前，李介修带队拜访了大陆许多家出版社，把很多积压在出版社仓库里的书挖出来，放到诚品书店的书架上。到最终开业时，近 1.5 万平方米的书店容纳了 15 万种图书，与国内最大的书店西单图书大厦相当——刨除后者的教辅类图书的话。

为了到不同的地方贩卖"生活方式"，诚品奉行"连锁不复制"原则，每开新店都以当地周边社区和文化为出发点，开发适合当地的业态和商品结构，避免过于标准化经营带来的雷同空间和无趣体验。

从书开始，诚品不断延伸出新业务。它先后开了百货公司、画廊、酒窖，还有酒店。2015 年年底在进入大陆市场后，它又进化了。位于苏州的诚品除了近 1.5 万平方米的书店和 3 万平方米的百货商场，还自带两栋可售住宅——诚品的意思是，倘若你是

诚品苏州店（左），西西弗书店沈阳万象汇店（上），建投书局上海浦江店（下）。

诚品的粉丝，或者想住在书店附近，还可以考虑一下它的房子。这时候，诚品已经完全变成一个品牌商而非零售商了。

至于同样被国内书店从业者当成"新书店"并竞相学习的日本茑屋书店，更多时候，它是将复合店铺打包在一起的"T-SITE"商业街区中的一个主体，或者在某个大型商业中心里占据一席之地。茑屋书店店内一般都有一间星巴克——现在看来，这已不是什么新鲜事，但它本身更看重的，是为

顾客提供生活提案的能力。不同的茑屋书店根据街区性质有不同的主题，东京银座的店铺与代官山店铺的气质就有明显差别——前者显然更愿意满足观光客们对日本与东京的各种好奇心。

在张权看来，正是这些"新书店"的大胆尝试，给书店业带来了新的思维和经营管理方式。他举例黑龙江卫视热播的一档名为《见字如面》的节目，节目通过名人阅读和演绎一封信，还原当时的场景，以一封信来打开一段历史。他认为，围绕人可以做的事情有很多，因为社会的主题就是人。而为好的内容付费正在成为现实，不止线上内容，各方面的内容都是。如有必要，建投书局也可能推出一档线上节目，拍摄地点就是它的书店。

至于靠什么赚钱，"如果我们已经清楚知道答案是什么，那只要有好的团队和执行力把它变成现实就好了。但其实没有一个标准答案，大家都在探索。不一定是诚品模式，也不一定是茑屋模式。"他说。

大众书局打算将来如果纸品咖啡有一定名气了，就让它独立开店，附带卖书。

三联韬奋书店也决定转型，翻新它的书店，在门店中增加文创产品，并把 6 年前出租给雕刻时光的店面收回来。

已经把跨界模式标准化了的西西弗当然不会放慢它的扩张脚步。"星巴克每十八小时开一家店，优衣库那么大店面一年大概开上百家新店。西西弗的速度根本不叫速度。"曹晋锐说。当然，这一切都建立在商业地产对书店持续青睐的基础上——毕竟，餐厅曾经也是它们的新宠。¶

书籍成为普通大众能负担得起的消费品，不过百年

书籍规格演变的每一步，
都是知识普及的一次胜利

by／管家艺　photo／树小喵

在日本，随意深入一家街角书店，很可能会看到以文库为索引、密密麻麻的小开本书籍陈列。这就是人们耳熟能详的小开本读物：文库本。

这些"小书"多为 A6 尺寸，即 A4 纸的 1/4 大小，方脊平装，用纸较薄。正因为压缩了用纸，文库本的价格比单行本更低，多为 600 至 800 日元（约合 36 至 48 元人民币），约等于工薪族的一顿午饭钱。同一本书，精装单行本的价格可能是文库本的 2 倍。

小开本读物并非日本首创。日本最初的文库本系列丛书——岩波文库，是以德国的雷克拉姆文库为榜样，涵盖文艺、哲学、社会科学、自然科学等领域，将具有古典价值

文库本 @ 日本

的书籍高质量地平价化。在岩波书店创始人岩波茂雄的设想里，文库本虽然价廉，但对内容质量要求非常高。他曾告诉那些对文库本有误解的作者，"宁愿为其作品出单行本，也不会将其收入文库"。

时至今日，文库本依然遵循从已发行的单行本中挑选精品再版的方式，所以时效性不如单行本。村上春树的《1Q84 BOOK1》在 2009 年就已推出单行本，文库本则在 3 年后的 2012 年才上市。但也因此有读者认为，认准文库本，比较容易找到好作品。

经过多年的发展，文库本已经更加商业化和多样化。2010年，面对出版业的不景气，也有出版社开始跳脱这个"精品"门槛。一间名为"实业之日本社"的出版社一反常规做法，在两年连载后直接以文库本规格出版东野圭吾的《雪国之劫》，一年后才出版单行本。专注艺术出版的青幻舍，旗下设有视觉文库，以"超越时代的艺术与设计"为策划理念，既出版过去名著的新装复刻版，也开始直接出版从未发表过的新书。

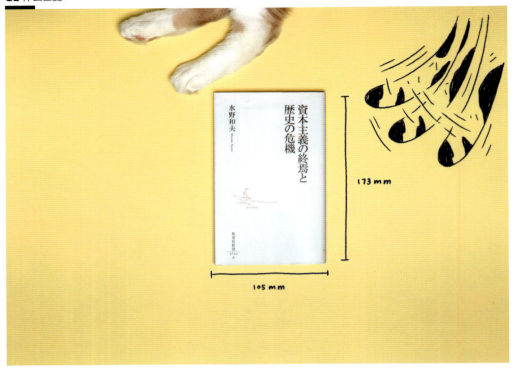

水野和夫

資本主義の終焉と
歴史の危機

173 mm

105 mm

"新书"作为一种规格，常常被拿来跟文库本比较。谈到文库本，人们的第一印象是"经典作品"，谈到新书，则是"专业领域的普及读物"。这就要说说新书的渊源了。

和文库本一样，新书的推动者也是岩波书店。在二战背景下，岩波茂雄出于对日本国内体制的忧虑，才有了出版一套引入全球视野、探讨时下问题的丛书的想法。新书的"新"是相对于文库本重版经典作品的"旧"而言的，也颇有给读者带来"新知"的意味。

今天打开亚马逊上的"新书"排行榜，我们仍能看到《所有的教育都是洗脑》（すべての教育は「洗脳」である）、《未来年表：人口减少的日本会发生什么》（未来の年表 人口減少日本でこれから起きること）这类书籍。百花齐放的新书题材，延续着岩波新书时代出版社对新书的构想——紧贴读者生活中关心的话题，将专业知识普及给大众。只不过人们的兴趣中心，已经从岩波新书

**新书
@ 日本**

时代的启蒙知识转移到了科技、老龄化等各种现代话题。

不同品牌的新书有自己的侧重点和风格。岩波新书、中公新书、讲谈社现代新书是日本新书品牌的三大巨头，书籍内容横跨政治、经济、文学、历史、科学各个领域。岩波新书多为自由主义立场，中公新书的内容偏向学术书籍，讲谈社现代新书相比之下走的是大众路线。

从尺寸上来说，新书规格约为长173 毫米、宽 105 毫米。若将一本新书与一本文库本重合，能看到它们宽度相差无几，高度相差大约两个指节，新书更显瘦长。

精装书其实早于平装书诞生，平装书在 19 世纪于欧洲先行，到二战左右，才在英、美国家推广开来。由此，"买书"才成为大众能负担的消费形式。

精装书装帧工艺复杂，用料考究，通常以硬底为封面，在书脊及书角上做各种造型加工。读者可以把书本摊平在桌上，不用担心书页会散掉；纸质更佳，封面耐磨损，也适合收藏。

精装书单本的利润高于平装书，所以出版商愿意以精装书作为试水市场的样本。出版商会根据精装书的销售情况，抓住书本热议度减退又

精装书与平装书@ 美国

尚未冷却的时间节点，推出平装本，以延续书的销售周期。所以，越是人气高的书，平装本的推出时间越会被延后。企鹅出版社的编辑莱斯利·格尔布曼（Leslie Gelbman）曾提到，小说《The Help》以精装规格出版后，在畅销榜上逗留了 103 周。于是企鹅出版社等了两年多，才推出这本书的平装本。

书最终要以哪种形式出版，决定权在于作者和出版社。对新作家而言，平装本能接触到更广的读者群，且不需要投入过多资金，不失为一个好选择。但在出版业界，推出平装规格被视为第二次出版的机会。已经出版过一次的书，可以借此机会重新设计封面，再次造势，把书推向更广的读者群。所以先推出精装本仍是主流。

电子书的出现极大地影响了平装本的销量。据《经济学人》报道，电子书流行前，平装本销量预期是精装本的 4 倍，但近年逐渐有精装本销量高过平装本的迹象。

2007 年,第一代 Kindle 阅读器面世时,亚马逊创始人贝索斯曾说,它会改变人们的阅读习惯。彼时读者和媒体毫不掩饰他们对传统出版业价值链上各个环节的担忧,"书店将死""出版商将死""纸质书将死"等表达不绝于耳。

的确,电子书的技术优势显而易见。纸质书需要面对的生产、存储、运输、退货问题,在电子书的市场里不复存在。但市场经过十年的调整,结果与人们当初的担心相去甚远。美国是全球最大的图书市场,电子书在美国国内市场占有率自 2014 年达最高点后就持续负增长。在市场中占主导地位的,依然是精装书和平装书。

亚马逊在刚推出电子书时打过一阵价格战,它也给人们留下了电子书更便宜的印象。实际上,在北美和欧洲,经过出版商和网络销售渠道的多年博弈,电子书与纸质书的价格已经没有特别大的差距。2018 年 4 月登上

电子书 @ 美国

Amazon Chart 销量排行榜前十部的作品当中,有半数作品的电子书价格只比纸质书低两三美元,有两部作品的电子书售价甚至高于平装书。电子书价格的升高,也是自 2014 年开始美国电子书销量下跌的一个重要原因。

人们已经逐渐接受,纸质书和电子书的差别更多体现在阅读场景差异上,若要想得更远些,电子书的形态远比"模仿纸质书"要广阔。生词查询、分享批注、全文搜索等都是电子书的原生功能。不少阅读软件开始内嵌朗读功能,这又进一步拓展了电子书和有声书的边界。

亚马逊创始人贝索斯曾公开表示，"书的竞争者不是各种形式的书，从消费者愿意花费的时间来看，书的竞争者是新闻、游戏、电视还有电影"。或许正是出于这个理念，亚马逊才大力支持有声书的发展——有声书让传统书籍更引人注意。以美国为例，2017 年，有声书虽然只占整个美国图书出版业销售额的 5.6%，但它是唯一一个持续增长的图书品类：2011 年全美仅出版 7237 部有声书，到 2016 年，这个数字跃升到了 50937 部。

有声书是在视力障碍者的需求下诞生的。爱伦坡、海伦·凯勒的部分书籍在 1930 年就被制成了有声读物，当时的听众中还有很大一部分是在战争中失明的退役军人。今天，有声书的消费者已经扩展到更广泛的人群，他们有非常明确的使用场景。在美国有声出版物协会（Audio Publishers Association）的调研中，有 74% 的听众会在行车或通勤时收听有声书。

有声书 @ 美国

有声书对制作者的回报率并不高。传统出版商或独立作者能获得电子书 60% 至 80% 的收益，而这一数字在有声书上只有 25% 至 40%。

尽管如此，有声书仍被视为有潜力的市场。亚马逊的有声书服务 Audible 不断推出新功能，像通过 Whispersync 功能同步电子书的阅读进度，或通过智能识别直接跳转到图书的精彩段落。谷歌将有声书加入了 Google Play 应用市场，并打通了在安卓、iOS 和智能音响的播放渠道。苹果 iTunes 是第二大有声书平台，如今也在建立独立有声书渠道上跃跃欲试。¶

赵慧
"未来预想图"主编，
《第一财经周刊》编委
📍 东京

"再贩制度"保证了实体书店
为读者们提供新的体验——而且还能被买账

在日本——
这个世界上最后一个
坚挺书价的国家

by ∕ 赵慧

以一个外国人的视角来看，一些日本书店的好生意实在让人讶异。读者们愿意拎着书就去付款，即便也有掏出手机的比价行为，到了掏钱的时候，还是有不少人愿意为实体书买账。

在亚马逊等电商冲击下，全球消费者们早已习惯选择在性价比最高的渠道下单。在买书这件事上，书店当然不再是唯一的目的地。最近几年，日本出版业界的确也在不断叫苦——书籍与杂志销售总额的巅峰时代是1996年，此后就在一直下降。但支撑传统实体书店重要业绩的，仍然是坚挺的书价。

如今，日本已经是全球最后一个在书籍、杂志、报纸、音乐软件这四个媒体种类中还保留"再贩卖价格维持"制度（以下简称"再贩制度"）的资本主义国家。这个制度允许出版社等机构规定书籍、杂志等出版物的价格，在一定时间段内，书店等销售渠道必须以此价格销售，不得擅自降价。

另外，虽然电子书籍不在这个规定的限制范围内，价格也由渠道自行控制，但仍然受到出版社的制约，也间接决定着电子书的折扣。虽然各家定价不同，如果硬要说一个均价——较多时候，电子书售价约为实体书的8折左右。以900至2000日元（约合54至122元人民币）这个实体书籍最常定价的区间而言，电子书折扣的吸引力也不算太大。

这样，"再贩制度"虽然看似"垄断"，但它能保证日本各地读者以同样价格购买到同类书籍，读者们接触到出版物的机会均等。同时，可以避免因过于市场化导致一些冷门书籍消失，"再贩制度"能让各类出版社维持一定利润，保证出版自由与出版知识领域多样化。

书店等渠道承受价格约束，出版社与书籍经销批发商也会为此付出成本。在这种制度之下，退货风险由批发商与出版社承担。一般而言，日本出版业退货率高达 40% 至 50%。

但是，二手市场并不在这个约束范围之内。亚马逊也是以此为突破口，将非亚马逊自营的商家统一到 Market Place，你可以在同一本书的价格选项里，用更便宜的价格买到二手书。一些书籍甚至以 1 日元价格销售，但每一册都需要支付运费。

亚马逊与日本出版业界的对立到 2015 年 1 月才有了一丁点儿突破。那时开始，亚马逊艰难地谈下了几家出版社合作方，通过积分返还方式，让读者可以享受再次购买时的少量"折扣"。直到半年后，亚马逊的打折策略才首次接触到实体书领域。当时，它联合 Diamond、主妇之友等六家出版社，在 6 月 26 日至 7 月 31 日期间 8 折销售 110 本图书。虽然其中包括少量畅销书，但这些图书都至少已经上市 3 个月。促销期过后，所有书籍恢复原价。

这种做法被称作"时限再贩"，意思是"图书上市一定时间之后，书店等渠道可以为其自由定价"。但由于涉及法律以及商业模式的变革，出版社们对此也极为谨慎。倒是人们熟悉的总被宣传为"世界最美书店之

一"的茑屋书店，其母公司 CCC（Culture Convenience Club Co.,Ltd.），与书籍批发商"日本出版贩卖"（以下简称"日贩"）合资。主要针对 TSUTAYA 这类影音等娱乐产品租售店渠道的出版物销售物流公司 MPD（Multi-Package Distribution），更愿意与少量出版社一起尝试这种新做法。

可是至少，以亚马逊掀起的这场变革为开端，出版社、批发商、书店零售渠道逐渐愿意缓慢尝试做点改变。2016 年 8 月，日贩联合 34 家出版社，以它们提供的 80 本杂志，在日本 600 家书店展开了为期两个月的促销活动。在此期间，各家书店可以针对这些杂志自行判断现金折扣或返点折扣，书店让利的成本由出版社负担。

这次促销规模远超以往，2016 年春天，日贩在与 6 本杂志以及少量渠道的实验促销中，将退货率控制在 29.6%，比其他店铺低 10%。一直深受货款账期与退货周旋之苦的批发商们乐于推动这个新改革，日贩在 2017 年 2 月与 2017 年 5 月新启动的两轮针对杂志的"时限再贩"促销，参与店铺都超过了 1000 家。

至此，日本书籍价格才稍微有了些松动的迹象。那些在书店毫不犹豫直接付款的读

者，他们心里有底：真的，除了二手书，他们可能也拿不到更低价格了。即便如此，书店也在担心书价放开后的负面效果——读者们可能知道图书会降价，所以甘愿多等几日，这可能进一步造成书籍积压。因此，挑选什么书实施"时限再贩"，甚至实施多久，也成为渠道的新挑战。

为了挽留那些被电子书与其他娱乐活动吸引的读者们，日本的书店也在开发更多书店盈利的可能性——签售、脱口秀（talkshow）、展览，如何将书店塑造成吸引客流与交流的新空间，渠道也在比拼活动运营能力。

大型综合书店的旗帜当属茑屋书店，在东京银座店，开辟一个角落拉起布帘，它就能每天推出 50 人左右规模的嘉宾读者交流活动。它灵活掌控定价策略，或者通过收费控制人数，或者结合签售、展览，成功维持了在社交网络上的话题热度，刺激人们重返书店。

当然，更不用提已经刷爆社交网络的东京

ABC 与 Title 这 两间东京书店都将选书力变成了生意。

森冈书店，这间一定时期内只卖一本书的书店，将一间店面运营成了展览空间，人们会一直好奇它最近在卖什么。除了络绎不绝的访客，店主森冈督行的运营 know-how 也让他成为新的人气演讲者，充实起小店主们的有创意的新型生意模式。

一旦有了人，书店空间就有可能重新成为稀缺资源——城市里的公共空间。咖啡、杂货，这些与生活相关的消费行为很容易混杂进来，人们不再仅仅是逛一家书店，而是思考如何在这个空间消磨一个下午。¶

读懂诚品商业模式

by／李思嫣 赵慧

追捧诚品书店的热潮已经过去，但时至今日，提及书店与书店所处的产业时，诚品依旧是一个无法忽视的标签。人们喜欢诚品，或许是因为它不像传统的书局那样，高书架上排着密密麻麻的书；它也不像一些购物中心里被咖啡抢去风头的"书房"。比起一个单一的"卖书者"角色，我们今天看到的"诚品书店"，更像是一个"阅读与生活的博物馆"，也有人称它像一家"百货公司"——毕竟除了书，诚品的商业空间里还涵盖了餐饮、家居、教育、时尚、旅行等其他业态，一些店铺甚至还融入了电影和展览空间。诚品的生活试验仍在继续。

· A ·

从精英艺术书局到大众书店

1989 年，诚品在台北仁爱圆环开了第一家书店。对喜爱阅读的台北人而言，诚品书店的出现，意味着他们有了一个可以随时到访、免费

诚品会塑造不同主题场景，配合图书企划吸引读者。

翻阅书籍的去处。因此，书店一开，当时刚刚兴起的中产阶级便接踵而至。

诚品英文名"eslite"源于古法文，意为"精英"。正如店名，书店最初仅将目光投向了台湾的文化精英阶层，主营的书籍也多关于社科、艺术、设计与建筑，并囊括了大量外文书。虽然门槛高，但这样的小众品位也为诚品建立了"文化与艺术"的品牌形象。

在那时，书店还习惯于用"销售榜单"向读者推荐书籍，与之相对，每月的"诚品选书"企划推出了自己荐书的标准："学术、专业、一般均可，议题不一定要严肃，但要有创作与出版的诚意，所以它可以是任何一种书。不选再版的书、没有版权的书、会被时间淘汰的书，以及媚俗的作品。"一批文化人对这样的选书态度和标准赞不绝口，也让这个小而精致的书店空间不同于其他书屋，渐渐开始有了人气。闲暇之余泡泡诚品，也不失为

02

很多人会在深夜造
访 24 小时不打烊
的诚品敦南店。

01-02 | Photo | Fabian Ong

01

02

一件有格调又时髦的事。1999 年，诚品书店敦南店开启了 24 小时不打烊的创新经营模式，在亚洲开启了全天营业的先例。这让不少台北的上班族和寻找灵感的读者能够随时拜访书店，也正是这个"零时差的城市阅读生活"的创意，让诚品敦南店在 2004 年被美国《时代》杂志选为"亚洲最佳书店"。

尽管在文化圈广受好评，诚品的精英标准在为它建立品牌和名声的同时，也拉开了它与大众消费市场的距离。来诚品一逛的读者很多，但频繁购买书籍，并有长期忠诚度的读者只局限在台北文艺圈和中产阶级人士。由于书店消费群体和发展空间受限，加上店铺租金不断上涨，诚品不得不想办法转变经营模式。

1995 年，诚品敦南店（老店）因无力负担店铺租金，搬至星光人寿大楼。从那时开始，诚品加快了连锁步伐。选址直接影响了书店的曝光度，因此，新店大多开在人群密集的商圈，例如信义店、西门店、武昌店。1998 年，诚品台北站捷运店开业。在读者们还没有对电子设备痴迷上瘾之前，在车站等车时，逛书店可以说是最好的消遣方式，进入公共交通系统也为诚品增加了普通人拜访的机会，积攒了不少大众人气。与此同时，在维持选书标准的前提下，店铺内售卖的书籍也不再局限于人文艺术，而是进一步囊括了更多大众喜欢的书籍。诚品向读者提供了更多选择，也能让书到达它原本或许不能到达的读者视线中。由此，告别了"精英"标签的诚品，开始向大众书店的方式发展。

尽管如此，光卖书却从来不是一门赚钱的生意。2006 年，诚品信义店开张，这家位于台北市信义区中心地段的店铺占据了一整栋大楼，拥有地下两层，地上六层。因为图书面积只占营业总面积的 25% 左右，加上引进了衣、食、手工艺品，诚品也不再将信义店称为"书店"，而是定位为"阅读与生活的博物馆"，并且主张以综合型经营的方式，将诚品从"人文与艺术"，转移到"创意与生活"的空间。如此，光顾诚品的人不一定冲着书而来，他们还可以在这里喝咖啡，买手工艺品，逛展览，听讲座，甚至看电影。无论是为寻书，还是仅为打发时光，每一个人都能在诚品找到自己的位置。

"我们不知道去哪里的时候，就会来诚品。"2014 年，《纽约时报》报道诚品时这样引用一位当地读者的评价。如今看来，这真是对诚品这场生活试验的莫大褒奖。

· B ·
你可以向"诚品百货店"
学习的 6 个招数

① 把除了"书"之外的生意带进书店，用主题去设置让消费者沉浸的场景。

诚品台北信义店的开张是书店百货商场化的一个标志。从空间上来看，比起图书，画廊、杂货、食品等多元化经营占据了更大的营业面积，从收入占比看，2014 至 2016 年，每年这部分营收都超过图书的一倍有余。以诚品松烟店为例，一层的 eslite concept 艺术作品展览区长期展出艺术家和设计师的作品，也长期展售 24 位华人设计师的时装作品。二层有杂货铺 expo 以及"living project"，前者集合了小型文创设计师，后者则用"家"的概念来规划空间与商品的组合，销售家居用品、厨具、摆件等。三楼的"诚品音乐馆"与"音乐黑胶馆"，除了售卖 CD、唱片，也定期举行"黑胶集市"等活动；店铺三楼的南端有一家外包运营、却从属于诚品品牌群的西餐厅，主张用西式的方式烹调台湾的本土食材。"发掘台湾的味道"是诚品近年来自营品牌的一个重点，2008 年登场的"诚品知味"也是为了表现台湾本土饮食文化而设立的。除此之外，"诚品风格文具馆"和"精品文具馆"分别提供了季节潮流性和更适合办公的文具用品，加之"诚品设计"、活动空间 COOKING STUDIO 和书店的标配 —— 咖啡厅 blackpages CAFÉ，融入了多元经营的诚品越来越像一个"生活美学的展厅"。

如今，诚品将画廊、书店、杂货、食品、表演厅、艺术电影院等空间连接在一起，用书店去连接读者、艺术家与图书作者。即便在书店空间内，一些重点堆头陈列

诚品生活试验 30 年

在台北仁爱圆环，第一家诚品书店成立，以专业人文艺术书店涵盖诚品画廊、艺文空间的经营模式，实践人文、艺术、创意、生活的核心理念。诚品画廊、诚品酒窖、诚品 CAFÉ 同年成立。	诚品讲堂开讲，领域涉及空间与建筑、说书、哲学、历史、趋势、电影、生活风格、艺术、文学、音乐等，累计 2500 堂课程，邀请 600 位专家学者授课，在华人社会引入了"民间讲学"概念。	诚品台北车站捷运店开业，诚品正式进入公共交通渠道。
●	●	●
1989	**1997**	**1998**

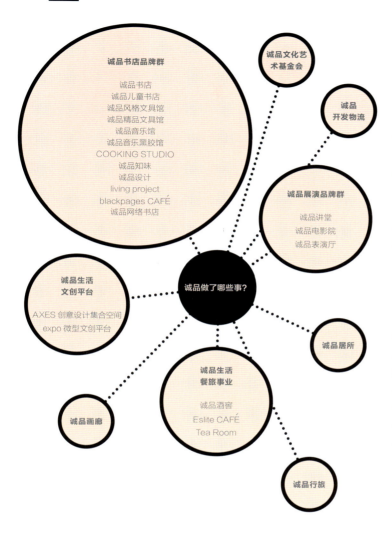

也打破了类别界限，比如在某个食品主题下，食谱可以搭配着榨汁机、沙茶酱、蛋黄酥和挂面一起摆放，为消费者塑造一个更容易代入的消费场景。

② 让艺术家参与书店空间营造。

除了书店内部的陈列设计，从 2010 年开始，诚品信义店发起"艺术家驻店计划"——这种跨界合作模式源自美国艺术机构，诚品邀请艺术家、设计师、建筑师或是作家参与店铺空间营造，艺术家会根据诚品发布的征选理念提交创作计划。而每一季度，诚品会在众多艺术家中选出一位驻店创作，为他提供创作所需要的空间与资金，除此之外，诚品也提供专门的展演、公关团队为艺术家们制订宣传广告计划。这个让店铺设计呈现艺术感的项目，也从信义店开始延伸到诚品多家店

诚品书店敦南店推出 24 小时不打烊的创新经营模式，敦南店于 2004 年获《时代》杂志评选的"亚洲最佳书店"称号。

诚品成为台湾第一家成功导入 SAP Is-Retail ERP 的零售业者，为公司多元化经营奠定了运营基础。

面积 4.5 万平方米的诚品信义店旗舰店开幕，年客流超过 1200 万人次。

诚品生活股份有限公司成立。由此与母公司诚品做出领域切分，诚品致力于发展文创产业，诚品生活则重点在以文化创意元素为基础的生活与文化场域经营。

诚品生活股份有限公司上市。诚品生活松烟店开业，汇聚台湾原创品牌，成为诚品培育台湾当地品牌，发掘设计人才的平台，并首次涉足表演厅、艺术电影院等新经营业态。诚品松烟店开业。

诚品进军中国大陆市场，建立"诚品居所"。

诚品苏州店开业。

1999　　　2005　　　2006　　　2010　　　2013　　　2014　　　2015

数据来源：根据公开资料整理

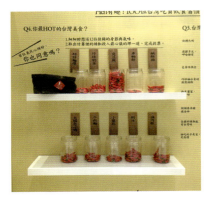

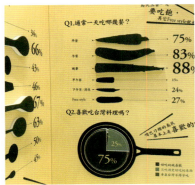

诚品信义店在 2017 年的一次诚品知味主题企划。

诚品生活各事业领域营业比重

A.渠道发展 B.餐旅 C.其他

2016 财年

A.80.04% B.17.39% C.2.57%

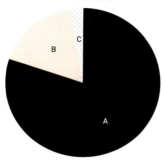

2017 财年

A.76.43% B.18.78% C.4.79%

诚品生活营收状况

● 营业收入　净利润　　　单位: 亿元 (新台币)

年份	营业收入	净利润
2017 财年	42.77	4.23
2016 财年	42.62	4.21
2015 财年	38.24	4.12
2014 财年	35.09	3.69
2013 财年	34.26	3.01

注: 图表数据为诚品生活合并综合收益。截至年报刊印日止,2017年度第一季度资料尚未经会计师审核

数据来源: 诚品生活 2017 年度财报

铺。这一活动不仅可以让书店成为艺术作品的诞生地,对书店而言,也能在每一季度获得一套独一无二的定制设计,让书店文化氛围愈发浓郁的同时,也开始让读者对每一期的艺术展更加期待。

③ 将对选址、社区的判断,以及店铺运营方式变为know-how,让"商业咨询"成为一个重要的生意领域。

不仅是自己的品牌,诚品也在让更多品牌进入自己的零售空间或者零售渠道。"诚品生活"是诚品旗下的全资控股子公司,以生活与文化"场域经营"为主要事业领域——这也是人们说诚品看起来像"百货店"这一评价的来源。在诚品选址并营造的生活空间里,它的确会根据目标客层定位,引入出版、音乐、时尚、工艺、设计、休闲娱乐、表演艺术等多种要素,让各种不同的商店出现在店铺空间里。确立主题之后,诚品会在不动产分析、招商企划以及运营管理上,为入驻店铺以顾问经营代管模式提供管理咨询服务。在 2017 财年,以场域经营为主的渠道发展事业营收比重超过诚品生活总营收的七成。另外,在餐饮经营领域,诚品生活还积累了设备、工程、餐旅用品等销售经验,它已经能提供从规划设计、销售、安装到售后的渠道服务,手头也握有不少红酒、咖啡、矿泉水等产品品牌的代理权,这让它比一家希望做餐饮的普通文化公司拥有更多控制成本的能力,不仅如此,这种能力还成为它支撑起其他商铺餐饮服务的基础。

④ 挖掘"文具"与"美食"的价值。

在台北敦南店、信义店,乃至总是人潮涌动的台北站前店,诚品都选择以店中店的方式将文具部分独立出来,但也有像松烟店这样将产品与书籍融合在一起的做法。文具会由诚品的雇员挑选,除实用性外,与书摆在一起是否美观,有无设计感,文具是否有独特之处等,是更重要的因素。并且,他们也在"过目不忘的文案"和摆设上下尽功夫。文具的价值也会被进一步开发,他们结合文具的具体功用,策划相关文展,贩卖文具用品隐藏的美学概念,给原本只被认为用作书写

Photo | 唐雅怡

的文具赋予新的意义。另外，诚品
也开始发掘联名合作的商业价值。
"eslite x PEGACASA"便是诚品
与硕联科技共同合作的产品线，结
合传统素材，设计、制造与科技有
关的产品，至今已开发了手机背夹、
手机壳、文具、饰品等产品。

2008 年，书店和食品的组合第一
次在诚品信义店出现，那时，"台湾
的本地食材"还不是一个热门的品
牌话题。为了支持台湾当地的小农，
挖掘台湾自己的好味道，看中食材
潜力的诚品成了第一个将食品带入
书店的商铺。"诚品知味"虽是书

店自营项目，但在销售形式上，不同于书籍的静态展示，
而是通过直接与读者面对面试吃的方式做推荐。并且，
在 Cooking Studio 周五的"寻味玩食"活动中，利用
料理示范与食品食材做结合，与读者互动并直接销售。
2009 年，实验初见成效的信义店"诚品知味"重新改
装，将原先的展览销售区改装成更集中有效的"诚品知
味信义食品馆"，并在原先售卖的食材之外，引进了颇
受读者欢迎的休闲食品，让读者在读书或结账的同时，
顺手带走一包小零食。如今，"诚品知味"项目平均每
年都为"诚品生活"带来 10% 左右的收益。

⑤ 用线下活动改变书店空间与消费者的关系，将更多
互动因素融入活动。

故事会、香水展、讲座，还有每年举办的"诚品手帐日

志展"和"海卡展"……针对不同的群体，频繁举办各类吸引眼球的活动，算得上诚品的一个良方。例如，在 2017 年的日志展中，诚品收集、展出了来自全球各地上千款风格不同的手帐。在与读者互动交流的过程中，诚品了解了消费者的偏好信息，也顺带卖出了不少手帐周边和工具。"海卡展"从 1989 年年末开始举办，有些像我们熟悉的贺卡集市，诚品从海外进口了不少具有艺术感的海报、贺卡、日历、台历，与读者分享。1997 年开办的"诚品讲堂"以每周一次的频率邀请学者、导演、艺术家、设计师等文化人士来分享授课，利用书店空间为读者与信息传递者搭建起沟通平台，吸引读者更频繁地踏足诚品。

如今，已成为诚品固定美食活动的 COOKING STUDIO，其诞生就源于一轮名为"我心目中的理想书店"的征文。当时，有读者提出了书店与厨房结合的灵感，诚品就试着将"诚品知味"项目与活动结合，打破了书、产品、服务的界限。现在，COOKING STUDIO 每周会邀请美食家、料理名厨和读者共同烹饪料理、品尝饮食。同样是展览，和"诚品知味"结合的食材展也更在意读者的参与度，2017 年诚品知味市集"今天，吃什么？"就将读者投票做成了展览的形式，用小辣椒代表投出的票。在了解台湾饮食文化的同时，读者自身的参与也让逛展的过程更具趣味性。更重要的是，当读者渐渐意识到自己成为推动诚品发展的一股力量时，这种

诚品松烟店的读者们在等待一场新书分享会。

品牌与受众之间的信赖感也愈发强烈。

⑥ 发现旅行的潜力。

在台北松山区文创大楼的另一侧还有一家"诚品行旅"。这家诚品旗下的高端酒店于 2015 年春季正式开业，地下 5 层、地上 14 层的建筑由日本建筑师伊东丰雄设计。书，还是诚品行旅的主题。一层的大厅书坊 The Lounge 拥有一面超过5000 册藏书的书墙，3 至13 层的客房分别以"人文""艺术""音乐""生活"为主题装饰设计，也设置了上百本中外书籍。随着近年去台湾旅行的潮流越来越热，旅行带来的发展潜力自然不容忽视。2015 年松烟诚品行旅开张时，诚品集团副董事长吴旻洁便承认，诚品行旅所处的松烟文创园区，每年有近 700 万人到访，本地游客占三成，其他地区游客占七成。诚品行旅的出现除了能提供一处体现台湾意象的住宿，也是发展本地人文艺术的好机会。在开幕初期，诚品行旅邀请了 15 位台湾本土艺术家参与策展，让馆内公共空间成为台湾艺术的展廊。前文提到的"艺术家进驻计划"也在诚品行旅实现。最近，诚品行旅也正在开拓跨界合作。2018 年 2 月，诚品开设了诚品行旅 × Netflix"慵懒假期追剧"活动。此外，诚品的另一个地产项目是位于苏州的公寓项目"诚品居所"，包含书店、住宅与商场空间。在构建了这样一个"衣、食、住、行"的诚品印象后，它也将目光投向了日本和东南亚。¶

茑屋进化论：
从租碟店
到生活方式复合店

by／赵慧

Photo | Fabian Ong

东京银座茑屋书店既是书店，也有展览与演讲空间。

增田宗昭 1985 年在日本大阪枚方市创立 CCC（Culture Convenience Club Co.,Ltd.）时，就已将其定位为一家"企划公司"，当时它的店铺形态仅仅是销售书籍、音乐唱片、录像带而已。那时市面上还没有"把电影、音乐、书籍放到一起的店铺"，但现在，人们已经对 TSUTAYA 这种店铺类型的存在感到理所当然。

在 20 世纪 80 年代，这家营业到夜间 11 点，设立在电车车站前的店铺，提出了让"租赁成为生活提案"的想法，店铺本身成为当时年轻人获得与生活有关资讯的据点。那时正值美国西海岸文化在日本盛行，增田宗昭也有个期待——店铺，以及店铺所在的枚方车站附近能成为这种新文化潮流的引爆点。

对于增田宗昭来说，当时 TSUTAYA 租借海外电影，顺应的是当时日本"憧憬欧美生活方式"这个潮流，而电影就是呈现各种生活方式的一个软性渠道，顾客们有这个需求——观看电影里的生活方式，学习它，吸收它，进而改变自己的生活。音乐、书籍也是如此功能。所以他选取的这几个载体，等于也是当年欧美生活方式的传播载体。CCC，以及它旗下的 TSUTAYA，更像是一个"传递生活提案"的场所。

2011 年在东京代官山开业的大型店铺——代官山

T-SITE，是东急电铁代官山站客流量增加两成的原因之一。日本出版市场境况早已大不如前，根据日本出版协会的统计，比起1996年巅峰时总量达2.06兆日元的市场规模，2017年市场规模降到1.59兆日元。而根据《出版社销售额实态2016》，日本书店数量从1996年的2.3万家降至2015年的1.08万家。小书店生意吃紧，书店也在向大型化发展。

在这个背景下，继在东京六本木开出"TSUTAYA TOKYO ROPPONGI"之后，增田宗昭开始进一步酝酿改革，代官山就是他T-SITE新计划的第一弹。为了拿下约1.32万平方米的那块地，他和土地所有权拥有者谈了两年时间——不仅是他，看上那块市中心绝佳地块的还有其他73个竞争者。

在他的计划中，代官山T-SITE是一个以茑屋书店为中心，把散步道规划在内，增设多家专卖店的新型商业区，试图营造一个"有书店的街道"，传达他理想的生活理念。如今在这个区域内，混合了宠物医院、相机店、活动空间、画廊、餐厅与咖啡店等多种业态。

书店会成为奠定基调的核心店铺。茑屋书店内设置了杂志长廊，在全球视野内持续更新各类杂志。杂志的更新频率高于书籍，这也是吸引读者多次来店的有效手段之一。

但这并不意味着他拒绝线上的生意。1999年，TSUTAYA就开始了在线生活内容发布服务TSUTAYA Online，2002年则上线了TSUTAYA DISCAS这个影音碟片线上租赁服务，支持宅配到户，截至2015年，会员数已超过160万人。

他也不打算放弃实体店生意，即便他承认，一般而言，网络收益可能会是未来的主流。他表示，"通过网络获得的大数据，以不消耗库存成本的电商为背景，与能够直接接触到顾客的实体店组合，可以创造出竞争对手没有的顾客价值"。

"店铺就是最好的广告。"他说。在东京涩谷——那个世界上人流量最大的十字路口，TSUTAYA有一间多层店铺，它直接告诉顾客，TSUTAYA是一间什么样的店铺。"它比任何广告都能给人留下印象。"TSUTAYA的未来计划是成为日本第一的销售娱乐产品的店铺。

同样是在TSUTAYA，增田宗昭首次尝试引入咖啡业态的星巴克是在2003年，东京六本木店"TSUTAYA TOKYO ROPPONGI"开业的时候。在这次试验中，咖啡销售额大幅升高，书籍销售额也在增加。咖啡成为让客人们拜访、停留的新理由。

代官山茑屋书店的做法也是出于同样考量。实体店能够提供与电商不同的体验。因此在代官山，他把整个T-SITE设计成了以书店为核心的综合商业设施。

在东京西南角的神奈川县湘南地区，湘南T-SITE瞄准新生代中产家庭，提出慢生活的理念。在东京西北部的千叶县柏叶地区，"家庭"成为它更加注重营造的氛围。这些概念直接体现在T-SITE内的店铺设置里。

在湘南T-SITE，店铺多达三十多间。区域内一共有3组建筑，茑屋书店也按主题分散在3组建筑当中。一号馆以"兴趣与生活方式、技术"为中心，里面就会有

东京代官山 T-SITE 里的茑屋书店有一个横穿三座书店建筑的杂志长廊。

01

02

01

02

茑屋家电将家电融入
主题场景，推出不同
企划甚至快闪店。

01-02 | Photo | 茑屋家电
03 | Photo | Zhao Hui

03

THE NORTH FACE globe walker 这一类以"Travel on"为主题的精选店。二号馆以"食品与生活"为主题，像以大米、发酵食品为中心的新型食品商店"千年麹屋"、厨具专门店"釜浅商店"就出现在这里。三号馆以家庭为核心，你会在这里发现 Bornelund 这种亲子商店，以及各种料理教室、餐厅、活动空间、自行车租赁等店铺。

日本千叶县柏叶地区的 T-SITE 于 2017 年 3 月 2 日开业。比起最早的代官山 T-SITE，它已经更加适应一个"社区店"的定位，主推"有孩子的家庭生活"的概念。所以，在柏叶 T-SITE 中，食品、亲子、杂货、户外运动，甚至美容美发等主题的店铺与区域也越来越多。它更像一家时髦的百货店了。

在此之后，这种茑屋书店大型店铺与 T-SITE 综合商业设施并行的道路，也成为 CCC 在日本不断推广的样本。

但另一个争议的焦点也在浮现——增田宗昭曾经提出，无论是茑屋书店还是T-SITE，都试图把握一种"编辑能力"，也就是"把店铺选择的好东西推荐给顾客"的生活提案能力。他的这个想法建立在丰裕物质时代的基础之上，人们不知道如何挑选东西。他试图让店铺来实现这种功能，帮顾客挑选适合他／她的东西。"如果没有这种提案能力，东西就卖不出去，顾客也不会上门。"

也正因如此，代官山茑屋书店极为重视配备具备专业知识的人员。这间店铺当中，一楼为书籍与杂志，电影与音乐分别占据两幢建筑的二楼空间。整间店铺具备各领域专业知识的专业人员有 30 人，他们不仅负责各自领域的选书，而且，"为顾客推荐适合他们的书籍"也在其职能范围内。

反对意见在于，这种塑造无趣中产阶级的做法，虽然有利于 CCC 不断复制推出城市开发的新样本，却抹杀了社区该有的多样性。另外，社区居民有权选择生活状态，社区也未必会变成 CCC 设想的样子。

这就涉及一个更深层的问题——到底茑屋书店的目标客层是谁。这要把目光先放到日本的街头时尚与生活方式发展史上。直到 20 世纪 60 年代末，日本时尚潮流都还处于一元化时代——当时也正好是出生于40 年代末期的"团块一代"走入社会的时候。他们的成长期里，物质生活并不丰裕，还处于憧憬美国生活方式的时代。但进入20 世纪 90 年代之后，这群人逐渐手头丰裕起来，虽然经历了泡沫经济破灭的不景气状态，但是仍然属于"时间与金钱都具备的一代"。增田宗昭认为，这群人仍有对文化与娱乐的高度需求——正如同属团块

一代的他自己一样。

等到他们的孩子出生——出生于 20 世纪70 年代前期的"小团块"一代，在日本街头时尚潮流史上也是推崇"编辑感"的一群人，他们拥有物质丰裕的生长环境，对消费不是那么有贪欲，有自己的坚持是其特征。在这个阶段，学校霸凌成为社会话题，当时的这群年轻人更适应"适度自我，但也绝不出挑"的生存方式。

当然，在时尚潮流不断推进过程中，更有主见与多元化的人群出现了。但是茑屋与T-SITE 选择的目标人群，恰恰是团块一代，以及城市里的小团块新中产们。比起现如今更想要追求自我的人群，为他们提供"编辑好、适合自己的内容"，恰好符合这个人群的微妙需求。

这也直接决定了茑屋书店的选书类别。在代官山茑屋书店，你看不到青春文学与漫画这些在市场中占据不小份额的图书种类，占据大块空间的是"音乐、电影、旅行、料理、人文与文学、设计与建筑、艺术、汽车"等类别，增田宗昭也在用这种编辑能力塑造着他希望服务的目标人群。

当然，手法也很巧妙——茑屋书店已经跳脱出图书馆式的图书分类法，它更喜欢按照需求场景堆砌出一个个独立空间——比如某个季节的料理主题，那么，在这个堆头的周边，不仅有与此主题相关的料理书，甚至也会出现厨房道具，以及合作商铺提供的各类食品。

也因此从书籍发散出更多消费可能——旅行书籍旁边可能售卖旅行箱、打包袋等杂货产品，也会有 CCC 的旅行部门在旁设

东京茑屋家电二楼，环形书架同时也起到分隔不同区域的作用。

Photo | 茑屋家电

置柜台等待你的订单。在一个综合了家电业态的新店铺——茑屋家电，与相机有关的书籍与杂志附近就是相机店，与音乐、音响关联的书籍区也与音响产品店家安排在一起。

除了书店、商业设施、家电之外，CCC 目前也在发展第四个可复制的生意业态——图书馆。2013 年，这家公司将日本佐贺县武雄市图书馆重新包装推出。目前，除了武雄市图书馆，CCC 已经参与企划了 6 家公共图书馆。

增田宗昭提到的这 4 个业态，都建立在 CCC 于 2003 年 10 月推出的共通积分业务 T Point 实现的大数据基础上。截至 2018 年 3 月底，在日本，T Point 已经有 6647 万用户，已超过日本总人口的一半，它也与包括电信公司 Softbank、全家便

利店在内的 182 家公司，超过 82.5 万家不同业态店铺合作，结成了广泛商业联盟。通过这些积分数据，它得以归纳出联盟内消费顾客的消费行为与群体肖像。

增田宗昭看重的是这些数据带来的对比参考价值——尤其是他想要开拓某个新业务的时候。"从数据我们可以知道，购买像 A 公司这样的服务的顾客原来有这么多。"他将这个 A 公司的消费数据与 T Point 整体数据比较，寻找未来的潜在客户。"我们要通过什么样的企划提案才能得到某类顾客，数据会告诉我们具体该怎么做。"¶

增田宗昭在《TSUTAYA 之谜》一书中谈起了他如何建立、运营、发展 CCC（Culture Convenience Club Co.,Ltd.），本文中增田宗昭的意见描述均出自此书。

谈谈设计：
你为什么会记住
茑屋书店？

by／李思嫣

1983 年，增田宗昭创立"茑屋"——一个租借影音，售卖书籍和杂志的店铺。如今，这个品牌群包含日本家喻户晓的影音等娱乐产品租售店 TSUTAYA，拥有被称为世界最美书店之一的茑屋书店，还有一个可复制的新区开发计划 T-SITE。如今，这套让人感到舒适的视觉系统与店铺设计体验已经被广泛运用。

·蓝与黄·
佐藤可士和
T-CARD
TSUTAYA TOKYO ROPPONGI

在东京，人们对这个蓝色背景板与亮黄 TSUTAYA 字母组合的 logo 早已不陌生。曾经为优衣库设计 logo 的视觉指导、设计师佐藤可士和为 TSUTAYA 发行的跨店铺积分卡 T-CARD 设计了一套视觉传播方案，当时，为了能够更好地配合宣传这个卡片，借着 2003 年东京六本木店铺开业，这套视觉方案也与六本木店结合在一起，体现在店铺招牌上。

这家概念店位于东京港区六本木新城，与以往来 TSUTAYA 租碟租书的年轻顾客不同，在这个办公楼、居酒屋、酒吧数量居多，成熟色彩更浓厚的街区，它的目标顾客是"一群比大众更理智且成熟的消费者"。这也是 TSUTAYA 第一次做出突破性改变。

如果你是设计师，你会选择什么样的店铺风格？这个答案如今已经并不稀奇——设一个咖啡厅，让顾客的脚步慢下来；店铺要让顾客们感觉"生活在文化里"。

所以在今天，你总能在茑屋书店里看见一间星巴克——增田宗昭关于 BOOK&CAFE 业态的想法最早也是在六本木这间店实现的。当时咖啡座位共留有 34 个，顾客们可以把书带到座位上去。

一边喝咖啡一边看店里的书——现在虽然司空见惯，当年这可是个颇有争议的做法，它最早是美国连锁书店巴诺书店的点子。反对者怀疑这会让书卖不出去。但从实际结果

看，咖啡销售额大幅升高，书籍销售额也在增加。这个业绩也为书店带来了利润上的新增长点：书店这种低毛利率的生意，其实在收益构造上有改变的可能性。

增田宗昭曾公开表示，他想要做的，不是卖一杯咖啡，而是让顾客获得在这里慢慢品味的那段时间——正因为对这段时间有期待，顾客们才会来到店铺。

另一个改变是 TSUTAYA 的视觉标识。"TSUTAYA 在日本是如同基础设施一般的存在，所以我希望我的设计不论男女老少，不分国籍，就算在地图上任何人都能一眼识别。"佐藤可士和在自己的作品集里解释说。

他提取了 TSUTAYA 的首字母"T"作为标记，选取蓝、黄两种对比鲜明的色彩组成 logo。这套视觉系统也将

01

02

01-02 | Photo | TSUTAYA TOKYO ROPPONGI

书架、影碟归还箱、包装纸、购物袋、店员工作证等统合在内。

在六本木这间店，TSUTAYA 第一次打破了按照种类销售商品的方法——以前，它的商品按照 CD、DVD、书籍等类别堆放，但这次，TSUTAYA 出现了主题区域，比如以某个艺术家为中心，和他有关的书籍、CD、DVD 都可能出现在这个区域。店内还添置了沙发座椅，增设了杂志区柜台。

2014 年 3 月，因建筑老化，TSUTAYA TOKYO ROPPONGI 在重新整修后再次开业。如今，它仍在延续十年前那套 BOOK&CAFE 设计。

TUSTAYA 在六本木店第一次引入了这种叫作 BOOK&CAFE 的业态。

· 汉字回归 ·
原研哉
茑屋书店

在东京代官山开一个多店铺商业综合体"T-SITE"，可以说是增田宗昭的第二次改革。当时的这个街区计划也许只能算一个开发实验，但如今来看，它已经成为一个可不断复制的项目。

2011 年 年 底 开 张 的 代 官 山 T-SITE 将目光投向了五六十岁的"日本团块一代"——这个名字也是这群战后出生的"婴儿潮"的体现，即便如今，这个人群在日本也占据不小比重。用增田宗昭的话说，他们是一群能同时享受时间与金钱，并渴望提升个人生活质量的人群——他自己也是其中一员。

T-SITE 中的核心店铺——茑屋书店的 logo 设计出自设计师原研哉。logo 主体为罗马字"TSUTAYA"的日文汉字版，只在汉字下方加注字号较小的英文"TSUTAYA BOOKS"，在色彩选择上也采用了更稳重的黑白组合——易读，简洁。

其实，"茑屋"二字曾在创业初期被印在大阪枚方的店铺招牌上，阔别多年，它再度回到了日本人的视野中。如今，许多中年人正是当初TSUTAYA 的第一代顾客，在某种程度上，"茑屋书店"这四个字也能唤醒他们年轻时的记忆。

01

02

原研哉为茑屋书店重新设计了一套视觉系统。

另一个视觉上的变化是店铺内部的分类标识。与之前 TSUTAYA 直接印刷在墙壁和书架上相比，代官山茑屋书店的半透明立体分类标签显得更加醒目，有视觉识别度。"一项好的设计在创造出装饰美感的同时，并不能忽略其实用性。"曾设计出熊本熊形象的设计师、Good Design Company 的 CEO 水野学在接受杂志《B》采访时评价道。茑屋书店的设计也是如此。

之后，神奈川县湘南 T-SITE、大阪枚方 T-SITE 里的茑屋书店，以及增田宗昭后来拓展的图书馆计划中的第一个合作方——武雄市图书馆，也同样沿用了代官山的这一套视觉设计。

位于东京二子玉川的茑屋家电的 logo 同样由原研哉设计，它延续了茑屋书店汉字 logo 的总体设计风格，只在此之上添加了有设计感的英文"Electrics"字样——以模拟电流通过的形式，一笔完成整个单词的书写。

01 03 | Photo | 茑屋书店
02 | Photo | 茑屋家电

01

02

01-02 | Photo | 茑屋书店

· 来，记住这片街区吧 ·
KDa
代官山 T-SITE

Klein Dytham Architecture（KDa）是由两个常驻日本的英国建筑师阿斯克里德·克莱恩（Astrid Klein）与马克·戴森（Mark Dytham）合伙建立的事务所。他们与增田宗昭的合作始于代官山 T-SITE 的设计甄选，后来位于神奈川县的湘南 T-SITE、位于千叶县的柏叶 T-SITE 和位于大阪的梅田茑屋书店也出自他们之手。

这几处建筑最有辨识度的莫过于外墙——它们源自字母"T"与"茑"（niǎo，爬山虎）这个汉字。"茑屋"原意为"被爬山虎藤蔓覆盖的房子"，这个由 T 字组成的外墙，在模拟藤蔓意象的同时，其直柱也成为整栋建筑物的最大支撑点。而湘南 T-SITE 因选址周边缺少绿色植物，以立体的白色爬山虎藤叶替代了代官山的 T 字设计。

从代官山 T-SITE 定位来看，这群五六十岁的顾客更想要舒适轻松的

空间。KDa 改变了原先 TSUTAYA 一贯的封闭式店铺格局，以玻璃落地窗替代外墙，让阳光更为通透，并在窗边安放了沙发座椅。

按照增田宗昭的说法，2015 年年底，代官山茑屋书店每天客流量就已超过 1 万人。但顾客仍在店内拥有较为充足的个人空间：音乐区提供个人的试听区域，图书区也有类似的设计。代官山和湘南 T-SITE 的二楼咖啡区大面积设置了低矮沙发，书籍可以跨越楼层，甚至跨楼阅读。

"从消费数据上看，人们更倾向于购买他们曾坐下来稍做体验的产品。"阿斯克里德和马克曾经对媒体说，"而且，将舒适的阅读环境直接呈现给路人，是最直接且有效的推广方式。"

非同于先前 TSUTAYA 常用的顶灯，KDa 为代官山茑屋书店创作了一套由吊灯等照明系统构成、柔和温婉的光环境设计，灯光效果像在家中一样，更适合轻松阅读的氛围。同时，茑屋书店的楼层高度相比之前的 TSUTAYA 都矮了许多，"这样会给顾客带去亲切感，让他们驻足更久"。

但"舒适"并非意味着书籍与咖啡杂货分量的本末倒置，"书"依旧是 KDa 的设计核心。从整个店铺面积占比来看，与杂货共存的主题区并不算太多。另外，在茑屋书店自营，供读者休息的咖啡吧 Anjin 也只设置了 120 个席位，加上一层星巴克的 40 个固定座位，与每日客流量相比，这些座位并不算多。书店并不会被"咖啡"与"杂货"喧宾夺主。

KDa 设计了代官山 T-SITE 内的茑屋书店建筑外观与光环境。

"店铺给人的亲切度需要有一个中立状态，消费者才能将注意力放在'内容'上，而不被周围的环境过度干扰。"KDa 解释说。¶

当书店不再是出版社生产的产品的终端渠道，出版社迎来了最让人兴奋的年代，书店则是被绕过去的那一个——或者，一个被选择的选项。你会发现，选择书店的人，要么是大公司，要么是带有独立出版色彩的公司。他们的想法也完全不一样。

Q3

出版社还是藏在书店背后的「幕后角色」吗?

罗辑思维现在为什么不卖书了？
这是个有趣的问题。
出版社这种"慢公司"又在烦恼什么？
数字化……
哦，你不要纠结太多在"电子书"上。

**欢迎来到
兴奋的出版人的世界，
他们正面临 15 世纪以来
的最大技术变革。
一切坚固的东西
都在烟消云散。**

by/高海博 刘成硕

最近一年，图书品牌"理想国"的编辑们有点儿兴奋。

在顾问梁文道的规划中，出书已经不再是理想国的唯一业务，内容编辑正在越来越多地接触音频、视频等产品的策划工作。甚至于，"现在，看理想是理想国的子公司，未来，理想国将是看理想的子公司"。梁文道在内部会议上这样描述公司的未来。

"看理想"是理想国旗下一个聚焦视听产品的新品牌，2015 年就开始和优酷合作，相继推出了由艺术家陈丹青主持的《局部》，梁文道主持的《一千零一夜》，马世芳主持的《听说》等视频节目。

之所以做视频，很大原因在于"纸质出版已不是唯一出版形式"。这是理想国创始人刘瑞琳与梁文道的共识。

"一切坚固的东西都烟消云散了。"马歇尔·伯曼的书名已经快被用成陈词滥调，但用来形容当前的出版业再合适不过。

"在这个时代，出版形态需要宽泛一些。"即刻视频创始人、财经类出版机构蓝狮子前总编辑王留全说，在视频、音频等介质大范围普及的情况下，承载内容的载体变了，传播方式正在变得多元化，固守纸书已经没有意义。

王留全将他公司的新业务命名为 BOOK +（布克加），书是基础，此外依靠作者资源衍生出适合的音频、视频等多种产品。"出版机构有义务为它的作者们找到更合适的内容表达手段。"

不止理想国与 BOOK +，一大批出版公司都在试图进入新的领域。"公司有一点规模的，都想去做。"新经典文化股份有限公司副总裁黎遥说，他习惯用厨师做饭类比这一变化，"过去拿一条鱼来，只知道炖着吃，但现在有多种吃法，可以炸着吃，也可以蒸着吃。"

黎遥的意思是，实现出版的技术变了。换句话说，技术正在让出版业发现新的可能。

如果以更长的时间跨度观察，出版业其实一直倚赖于技术的驱动。15 世纪古登堡印刷术的发明使纸质印刷的效率大幅提升，此后几个世纪，出版业一直延续纸质出版的传统，以至于出版和图书已经形成了一种固定搭配，码洋（图书定价 × 印量）是衡量一个出版机构业绩的最重要指标。

现在，出版业又一次迎来技术变革，移动互联网的普及和发展让电子书、音频、视频内容开始交错连接，出版的概念由此被推开，边界被拓展，变得更为立体也更具想象空间。拥有最上游作者资源的出版公司开始频繁接到喜马拉雅、得到、腾讯、优酷或者影视公司的合作意向，原本虚掩的门被推开了。

· A ·
从"书商"到"出版人" 赚钱能力超乎想象

按照原本的逻辑，出版是一门时间与规模的生意。正常情况下，一家民营出版公司至少需要五年的积累，才能形成一定的图书品种与码洋数量。果麦文化传媒公司董事长路金波把这种积累比喻为"储蓄"，因为每做一本书，都可能会在未来几年里持续售卖，持续产生商业价值。

常规来看，扣除版税、成本以及给渠道商的折扣之后，一本书的毛利在 20% 左右，而且在版权期内可以持续销售，这意味着此前策划出版的图书会不断贡献价值。以果麦文化为例，其 2013 年至 2016 年的码洋数量分别为 5000 万、1.1 亿、3.2 亿、4.3 亿，路金波预计 2017 年将超过 6 亿，且当年销售的图书中有超过 50% 为前几年出版的，随着时间的推移，这样的比例会越来越高，磨铁的比例已将近 70%。

老书比例越高，成本就越低，公司利润就会更高。路金波用果麦文化出版的《浮生六记》举例，这本清代自传体散文已经卖出了 100 万册。因为属于公版图书，不需支付版权费用，"20% 的印刷成本，五六折卖出去，我自己相当于 60% 毛利。"他计算出给经销商售价为基础的毛利，"这本我就是暴利啊。"

但无论商业模式还是产品形态，出版公司都属于典型的慢公司。磨铁集团 CEO 沈浩波也极为认可路金波的说法，"它的慢是

最近几年,出版公司有了更多将内容变现的机会。

一种积累，最终构成能量，整个积累呈现喇叭形状态，在一个节点迅速打开，完成量变到质变的过程"。

路金波与沈浩波，都曾以写文章写诗在文化界形成影响力，之后成为国内民营图书市场颇为活跃的出版人，并相继推出畅销书。

对民营出版人，还有一个称呼 —— 书商。书商在中国是一个极具时代特色的身份 —— 民营出版者在过去都被称为"书商" —— 类似 20 世纪 80 年代倒卖电器的"倒爷"。黎遥也经历过那段时期，"一说书商好像都是指骗子"。民营公司通常作为内

磨铁CEO沈浩波预测其影视收入很快会超过图书收入。

容提供者与出版社合作。

2008 年之前，国内的民营出版公司几乎都以工作室的形式存在，它们是整个出版链条里灰色又无法忽视的一环。沈浩波形容那段时期为"作坊经营"。

直到 2008 年，时任新闻出版署署长的柳斌杰在接受《南方周末》采访时第一次代表官方承认，"民营出版机构应该说也是一种新的文化生产力"。

2009 年 4 月 6 日，新闻出版署发布《关于进一步推进新闻出版体制改革的指导意见》，意见中明确要求，要"积极探索非公有出版工作室参与出版的通道问题"，引导非公有出版工作室健康发展，发展新兴出版生产力。与此同时，原本为事业单位性质的出版社也开始进行企业制改革，图书出版向市场化迈进。

民营出版公司此时终于走到台前，进入明晰的商业系统，"书商"的称号变为"出版人"，"作坊"开始步入正规的公司化运作。因此，严格意义上讲，国内民营出版公司化的时间其实不过十来年，出版这个古老的行业在中国称得上生意也不过十来年。

· B ·
资本来了
但有钱就能办好事吗？

磨铁在 2008 年拿到了基石基金的第一笔风险投资，写诗出身的沈浩波那时还不懂什么叫资本，"有人说要给我四五千万，我觉得好奇怪啊。"沈浩波瞪大了眼睛说，"我当时其实没想过要做企业。"那时候的磨铁不到 20 人，每年出十几本书，也可以盈利，

甚至"活得很舒服"。

图书出版是一个长线生意，"完全与电影相反。"路金波说，"电影做两年，15 天的收益，出版做 100 天，但有 15 年的收益。"

但资本进入后就是另一番景象了。沈浩波需要"在资本的鞭策下"让磨铁逐渐公司化，"强行突破"，扩大产量，做大规模。"我们犯了很多错误。"沈浩波回忆说自己最大的问题在于管理，快速扩张之后公司内部一度人浮于事。

不同于其他行业，图书出版的规模化依然只能靠时间积累，沈浩波发现"规模化与追求快是两回事"。出版业的商业逻辑注定它无法快速复制与规模化，但如同他所言，当跨越一定规模，收入会非常稳定。

因此，一家经营良好的出版公司在经历两到三年的缓冲期后，会拥有不错的现金流，并可以实现自我循环。"如果回到 2012 年，我就不应该要经纬的钱，什么钱都不要，应该要银行的钱。"路金波如今明白，一笔启动资金对出版公司是必需的，但后期，钱就不是稀缺资源了。

他回顾经纬创投的投资，直言对方更像是"试错"，"经纬在 2012 年投资我们，更多的是看中果麦手上有韩寒等一批作家，团队也比较成熟，可以试试。"

已经上市的新经典文化股份有限公司的副总裁黎遥对于资本持同样的态度。新经典文化从 2012 年开始先后接受了挚信资本与红杉资本的投资，"当时不差钱，主要是为了对接资本市场，需要这方面知识的规范与积累。"黎遥说。

在 2012 年之前，极少有风险投资进入出版领域，"因为它们不懂，看不明白出版的逻辑。"当然也有一个非常现实的原因是出版的投资回报周期过长，寻求短期回报、快速退出的资本很难与之匹配，"三五年退出的是投不了出版的。"路金波说，"经纬已经投了 5 年了，也得继续待着。"

但资本进入之后的一个好处是，更多的资金可以吸引更多优质人才，集中资源，集中版权。"这是工业的正常逻辑。"黎遥说。

从全球出版市场看，资本助力下的并购与收购也是资源集中的重要手段，企鹅兰登的合并便是遵循这样的逻辑。整个 20 世纪，企鹅出版社与兰登书屋各自都在持续并购，用积累的版权长期变现，直至扩展到行业垄断位置。2013 年，企鹅出版社与兰登书屋合并，成为全球最大的出版机构。新公司占据了英文图书界超过 25% 的业务，每年营收超过 40 亿美元。

然而这个逻辑在中国却并不那么顺理成章。

根据国家新闻出版广电总局统计，截至 2016 年年底，全国共有出版社 584 家，图书种类超过 40 万。出版公司的数量更多，相关行业人士预测近 3000 家。虽然大众出版的市场规模已经超过 700 亿元，大于电影市场规模，但是图书种类与出版社数量使得图书行业的集中化程度非常低。在开卷 2016 年的统计中，分列码洋占有率前两名的北京联合出版有限责任公司与中信出版社，各自也不过占比 2.4% 与 2.1%。

也就是说，即便是领先的出版公司，所占市场份额依然非常有限，这种资源的不够集中，在某种程度上必然会限制中国出版

出版公司的延伸形态 （单位：元）

代表公司	融资情况
	●A 轮接受挚信资本 3700 万投资 ●2012 年，B 轮接受红杉中国 6030 万投资
	●2008 年，A 轮接受基石资本 5000 万投资 ●2010 年，B 轮接受鼎辉资本、基石资本 1.02 亿投资。 ●2017 年，C 轮接受五牛基金等 3 亿投资
	●2012 年，接受经纬创投数千万投资 ●2016 年，接受孚惠资本 8500 万投资
	●未接受投资
	●未接受投资
	●2014年，A轮接受启明创投数千万投资 ●2015年，B轮接受中国文化产业基金等机构 1.32亿投资

估值	业务形态
●完成 IPO,市值 **87.9 亿**	●成立新经典影业,正在开发《红玫瑰与白玫瑰》《欢乐英雄》等影视作品 ●收购书店 Pageone 扩展渠道
●C 轮估值 45 亿	●成立磨铁影业,已出品电影《悟空传》《从你的全世界路过》 ●网络阅读平台磨铁阅读 App
●B 轮估值超 **10 亿**	●成立影视业务,拟开发自有 IP《我与世界只差一个你》
●无	●阅读服务:湛庐阅读 App
●无	●与优酷共同出品了《局部》《听说》《圆桌派》等视频节目,开发的音频课程《焦元溥古典音乐入门指南》《杨照史记百讲》在网易云音乐、豆瓣时间等平台出售
●无	●推出知识服务平台得到

数据来源:根据公开资料整理

2016 年
中国图书市场
细分市场
码洋比重

少儿 / 23.51%

社科 / 23.09%

文学 / 13.28%

教辅 / 15.29%

科技 / 7.57%

语言 / 6.82%

生活 / 3.95%

艺术 / 3.89%

其他 / 2.6%

数据来源:图书行业资讯公司开卷信息

全球六大图书出版市场规模比较

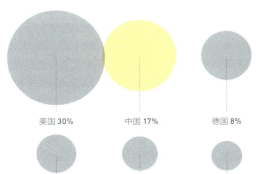

美国 30%　　中国 17%　　德国 8%
日本 5%　　英国 4%　　法国 3%

数据来源:《The Bussiness of Books 2017》,RWCC

公司本身的商业价值。

上市之后的新经典也曾向多家出版公司寻求收购。一家与新经典文化商谈过并购的出版公司创始人说："我还在增长，为什么要并购呢？"

的确，在一个行业整体处于增长且头部公司壁垒并不强的市场环境下，考虑并购并不现实。同时由于受限于体制，民营出版公司又无法参与出版社并购，这也会制约试图以并购来实现规模化的路径。

· C ·

知识付费和社群运营是要做书，
还是找到"对的用户"？

就在出版业处于这种相对静态期时，罗辑思维出现了。从 2014 年年中开始，创始人罗振宇与出版业有了第一个交集：卖书。

包括磨铁、新经典文化、中信在内的多家

内容的表现形式不再仅仅是书籍，也可能是音视频。

出版机构都与罗辑思维有过合作。一般来说，如果罗辑思维挑选了一本书，会采取"包销"的售书模式：从出版社5折进货，并垄断一定时间的首发权，同时罗辑思维在封面上打上自己的logo，以显示这是其独家版本。

根据罗振宇对外公开的业绩，《光荣与梦想》卖出了近10万册，科普读物《世界为何存在》4个月内售出了9万册——依靠不到60本图书，罗辑思维在整个2015年实现了超过1亿元的销售额。

这也是罗辑思维当时最为重要的商业收入。仅从业绩上看，这只是一家中型出版公司的规模，但罗辑思维挖掘一本书的闪光点与解读角度的功力让出版公司叹服。"罗胖这一点真的很厉害。"黎遥说。

罗辑思维也的确让一批"冷落的好书"重新活了起来，历史著作《战天京》便是如此。原本库存积压、低价出售的书在罗辑思维平台上卖出了3万册。

与解读能力配套的是罗辑思维的社群能力。"它先连接用户，或者说，它总是把50%的精力用在连接用户上，有了这些人，我再看看能做什么东西。"路金波说，"传统出版是不看用户的，只看产品。"

于是，出版机构也开始像罗辑思维一样卖书了，纷纷开设新媒体账号想办法连接用户。果麦文化旗下作者易中天的微信公众号粉丝已经超过150万，只是运营意味不像罗辑思维那样明显。

"值得借鉴，不必反思。"路金波如此评价罗辑思维。在他看来，有些书在罗辑思维

上卖得好只是概率问题。出版机构每年要做至少200本以上的书，磨铁甚至超过400本，这意味着总有失手的时候，也要考虑投入产出比。

2015年，从图书销售规模看，罗辑思维超过了果麦文化。"罗辑思维卖的书是被行业忽视的书，他发现了潜在价值，承担了传统行业查缺补漏的角色。"路金波说，但这种方式很难持续，因为忽视的书始终是少数。

"罗辑思维现在为什么不卖书了？"路金波自问自答道，"这是个有趣的问题。"

事实上，2016年之前的罗辑思维本质上还是出版机构的商业逻辑，但想要快速规模化就需要与传统出版公司抢人，那意味着又得重新回到传统行业。

重视当下与快速产出的罗辑思维显然并不想走传统出版业的老路。罗振宇在2015年年底的一次分享会上做出了"对书业未来的4个判断"，其中提到，"出版业，不再是生产这种把墨印在纸上的工业品，而是生产用户愿意付费购买的内容，从人群中筛选出愿意付费的人，给他们提供有营养的经过挑选和升华的内容。"

这可以视为罗振宇卖书一年多之后的心得。他设想，人们会更愿意为几万字的干货付更多钱，而不是拿起一本读不动的大部头。"如何从工业经济向体验经济转型，向注意力经济转型，是未来我们思考的问题。"

罗振宇很快找到了答案——"得到"。2015年，罗辑思维旗下的知识付费平台"得到"上线。依靠此前在视频节目中撰稿人的积累以及与出版机构作者建立的联系，"得到"迅速

聚拢了一批作者，以每年 199 元的价格推出一系列订阅专栏，并配以音频解读。

刚上线时，关于经济学、财务自由、人际关系处理这些实用主义的专栏成为"得到"的核心内容，比如《薛兆丰的北大经济学课》卖出了超过 19 万份。此后，"得到"还上线了电子书与"每天听本书"板块，由撰稿人以文稿形式解读一本书，仍然配以专业音频朗读。

电子书、音频、课程、出版、培训、媒体等多个领域能在"得到"上交汇，无法忽视的背景是，喜马拉雅、蜻蜓等移动音频应用的活跃重新激发了用户的耳朵，激活了听书市场，而互联网对时间碎片化的切割

聚焦视听产品的"看理想"是理想国新的内容尝试。

让用户对知识与信息的感受边界变得异常模糊。

· D ·

不再是出一本书就完成任务的时代了
出版人们终于习惯
将作品通过任何方式公之于众

"我们挺羞愧的。"湛庐文化创始人韩焱谈起"知识付费"概念时说，出版其实是"知识付费"的鼻祖，但这个概念并不是由出版人喊出来的，"我们也许受到了行业知识的诅咒。"韩焱说，因为出版人群体没能跳出出版本身看待这个问题。

不过，关于它和卖书之间的关系，似乎还很难说这些"知识付费"产品能够带动书的销量，至少接受我们采访的出版机构并没有明显感受。

"每天听本书"这样的产品就像一篇更长的书评，解读内容都在 20 分钟以上，"得到"的设想是用不到半小时的时间把书里的干货打捞上来交给读者。罗振宇曾在每天听本书的发布会现场表示，"信息很重要，获取信息的效率更重要。"他明确表示"得到"的卖点之一就是要帮用户节省时间。

"这是我不认可的地方，阅读一定是要花时间的。"韩焱承认"得到"让很多人对书有了兴趣，她自己也是"得到"用户。她听过一本湛庐阅读出品的书，"越听越焦虑""很多细节与角度都没有说到，想进一步了解还得自己读。"

事实上，这两个产品解决的受众问题是不一样的。听解读是填鸭式的快速消费，而阅读的状态是缓慢的，甚至常常可能是没有明确结果的。

但"得到"还是启发了韩焱。湛庐文化在 2017 年上线了自己的 APP——湛庐阅读，这是一款阅读服务 APP，主打精读课程：在一定时间内，由明星导师领读整本书，并提供延伸材料，接受课程的学员都有阅读任务以及课后习题与作业，通过微信群与湛庐阅读 APP 共同完成，售价 299 元。韩焱介绍，产品下一步会升级到用户直接在 APP 上完成社群交流。

其实早在四五年前，湛庐就已经意识到社群经营的价值，开设了庐客汇，试图将读者聚集起来。当时最主要的组织形式是读者微信群，其中包含每年 12 本书的付费阅读群。"也是因为微信的产生才使得这样的设想得以成立。"韩焱说。现在技术的进一步迭代，让这些原本分散的领域集中在一起，形成一个新的版图。

很明显，对于出版机构来讲，现在不再是出一本书就完成任务的时代了，后端的读者跟进与阅读服务都成为可以变现的业务。出版业的视野被重新打开。

先知先觉的理想国在 2014 年就开始尝试做视频。

理想国营销总监孙瑞岑表示，由于理想国的作者大多是比较活跃的公共知识分子，关心社会公共事务，"出纸质书有些限制发挥"。所以理想国一直通过各种沙龙活动作为出版业务的延续。

直到 2014 年，不断有视频平台找到理想国的作者希望录制视频节目，那时正是高晓松脱口秀的热播期，视频平台也希望推出类似的文化节目。"作者都来问我们，但我们也不知道怎么做。"孙瑞岑说，最终理想国找来了梁文道担任内容策划，成立看理想，自己制作节目。

在香港做过小众出版、电台、电视的梁文道并不愿把这些"内容"割裂，也不想过于区分介质，他理想中的编辑应该对内容有理解力，而不是仅仅局限于图书这种单一介质。

现在，看理想已经做了 5 档视频节目以及 3 档音频节目，其中音频节目很多都是由编辑与技术团队共同完成，编辑也在慢慢适应这种变化。从内容角度看，制作一档音频节目与出版一本书其实本质没什么不同，同样需要在前期策划好每一节内容，还需要与作者沟通讲述的节奏和语气。

《杨照读史记》就是看理想出品的一档"音频书"，在豆瓣时间平台以 128 元的价格出售，杨照先写了底稿，再按照音频形式录制。目前，上线半年，已售出 1 万多份。"盈利是肯定的。"孙瑞岑说。

理想国也考虑将其出版为纸质书，实现产品的互补。这样的操作已有先例，陈丹青的视频节目《局部》第一季播出时，也是事先写了手稿。节目播出后，根据手稿，理想国又整理出版了纸质书《局部》。

同时，在音频介质迅速普及的情况下，内容生产者开始成为核心资源。原本拥有作者资源的出版机构如果不设法及时跟进，将面临内容源头的流失。此外，知识付费平台之间也在互相挖墙脚，不久之前刚刚上线的新世相读书会就遭遇了"得到"的定向挖人。

在这之前，"得到"已经与各家出版机构接触了一圈。它曾经与理想国谈过内容合作，但是因为各自内容风格不同一直没有确定。果麦文化旗下的历史作家易中天同样被"得到"邀请过，"我知道的就有两次，至少。"路金波说。现实的情况是，通过出版已实现收入近千万元的知名作家并不太容易被打动。

这是音频内容，也是"知识付费"产品的普遍问题，虽然有薛兆丰这样的知名学者通过"得到"实现了千万元级的进账，但相对于普通畅销书来说，热卖的数量依然有限，带给作者的收入也有限。

音频是否也会像电子书一样，只是出版市场的补充而无法占据主流？毕竟电子书曾经让出版业经历过恐慌，当时"纸书已死"的阴云笼罩在出版机构头上。

· E ·
纸书没有死
它要重新活

"数字化是一个谎言。"路金波说，从全球数据看，这几年数字出版只占据出版业 20% 的份额，没有一个数字出版的概念股出来，"贝索斯也不怎么说 Kindle 了。"

刚刚结束的法兰克福书展官方发布了《2017 图书商业报告》，报告显示美国的电子书在经历了 2010 年到 2014 年的增长后，已经开始出现负增长，2016 年的负增长率甚至达到 16%。

王留全意识到本质还是内容选择的问题。在他看来，虚构内容完全有声化的意义不大，比如小说需要说书式表演而不能仅干

一开始只卖书的罗振宇并不想走传统出版业的老路。

涩地读一遍，实用性、人文性内容则适合音频化。

所以在 BOOK＋的规划里，泛财经、轻人文、类型文学成为最主要的签约方向。一个作者的内容可以拍成视频，也可以做成图书或者音频，适合什么就做什么。

离开蓝狮子之后，王留全与朋友先创办了"赞赏出版"，希望舍弃中间环节，让作者与读者直接连接。具体呈现模式类似众筹平台，作者在赞赏平台发起出一本书的项目，由读者提前赞赏，达到一定金额后由赞赏联合出版机构出版。

一定程度上，这可以理解为出版民主化的理想形态，但最终赞赏没有走太远。王留全并不认为是模式上的失败，他把问题归结于运营与内部管理。

探索出版新的可能性一直是王留全在做的，BOOK＋同样如此。"在这之前，书没法加别的东西，而现在音频、视频都成为可能性。"《拎得起》是 BOOK＋出版的第一本书，书的作者原本为时尚专栏作家，在出书之前，王留全还为作者制作过系列短视频。音频产品同样找到作者重新研发，不久前上线了一档名为《聪明人都会听的"傻瓜经济学"》音频栏目，是将 BOOK＋出版的新书《极简经济学》重新梳理后，打磨成的音频课程。

"我没有包袱，也更加决绝。"王留全这样形容 BOOK＋，这样的好处是不必纠结于是否出书。与出版机构不同，码洋已经不是 BOOK＋需要考虑的问题，图书、音频、视频都可以成为收入来源，只是，在音频市场还不稳定的情况下，很难判断其在商业回报上的比重。

王留全把 BOOK＋定位为"作者出版服务公司"，强调出版服务价值，"简单来说，出版机构卖的是书，我卖的是人。"他想把一个作者以 IP 模式来运营，而传统出版机构过去的套路是把某个作品运营为 IP。

无法否认的是，如今的图书业已经成为 IP 产业链条上的一部分。资本已经看到了这

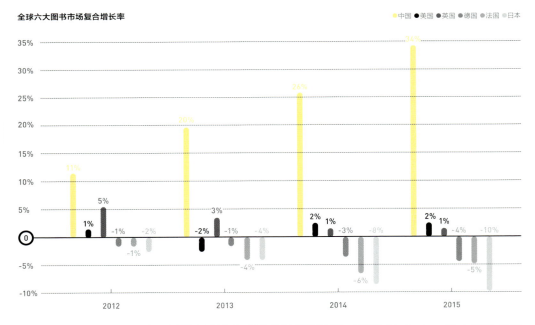

全球六大图书市场复合增长率　　　●中国 ●美国 ●英国 ●德国 ●法国 ●日本

注：复合增长率基于各国图书市场总价值计算。数值比率在各国货币基础上测算。　数据来源：《The Bussiness of Books 2017》，RWCC

中国图书零售市场规模变化 (单位:亿元)

2012   460－470

2013   500

2014   540

2015   624

2016   701

数据来源:图书行业资讯公司开卷信息

一点,无论是最新融资的蓝狮子,已经上市的新经典文化还是此前拿到投资的磨铁与果麦文化,影视化都是最被看好的方向。

沈浩波还记得在拿到《从你的全世界路过》影视改编权之后,他给3个电影公司的高管发了短信:一个正在开会,开完忘了回;一个说去买本书看看;光线传媒常务副总裁李晓萍则直接打来电话,告诉沈浩波"我们来一起推进"。

"谁扑得最狠,我就跟谁合作了。"沈浩波说,虽然此前没有电影经验,但"没吃过猪肉也看过猪跑",从挑选演员到完善剧本,"出版人"沈浩波变为了"出品人"。

磨铁内部现设有专门的IP项目策划部门,不止做自有的IP孵化还向外购买,"我看

到好的都想要。"这个将近50人的团队还需要把一个个IP转化为剧本,承担更多前期策划、类型定位等工作,并与职业编剧沟通完成剧本。到了具体的制作环节,再去市场上寻找专业制片团队。

与磨铁不同,路金波决定用自己的IP做自己的电影。2016年,果麦文化接受了孚惠资本的B轮融资,向影视方向发展。"资本是这么想的,但是我不会那么快。"他给自己定了3年周期,在3年里让内容团队"学市场,学编剧,学制作,学营销"。路金波说自己每年要进100次电影院,要力争成为"出版人里面最懂电影和编剧的"那一个。

在《从你的全世界路过》后,磨铁又出品了《悟空传》,除了这些,还有一系列连续剧在制作进程中。参与下来,沈浩波明显感受到,中国影视行业还处于起步阶段,"谁都别说自己有多强。"面对一个新兴增长市场,拥有资源库的出版公司没有理由不参与其中。

做了电影之后,沈浩波发现影视公司与出版是完全不同的逻辑,他一直警惕出版业务被影视IP业务带着走,"我会有意识去控制,出版必须要遵循出版的规律。"

他预计未来两年磨铁的影视收入将可能超过图书收入,同时把磨铁定位为泛文娱产业的内容公司。"这个时代的出版已经难以定义了。"他解释说,腾讯的网络文学也算出版,"得到"也算出版。

曾经的行业壁垒与边界在新技术面前正在消融,原本明确的观念也开始模糊,但一个清晰的事实是:出版已经不再是只出书了。¶

中信不做"出版公司"

by／高海博　*photo*／林舒

中信出版集团正在发生变化。

2018 年 1 月,中信出版集团董事长王斌出席了一场新闻发布会。在这场发布会上,中信重新定义了自己,也标志着它从出版公司向知识服务商转型,中信将其描述为"从单一知识产权运营商向综合文化服务提供商进化""为转型中的中国社会提供知识服务和文化消费"。

一直以来,图书出版与书店零售都是中信最重要的生意。根据证监会披露的中信招股书显示,从 2014 年到 2016 年间,图书出版与发行业务大约在中信营收中占比 70% 左右,书店零售占 30% 左右。

中信也是中国少有的既有出版业务也有书店渠道的公司。由于之前中信集中于出版、销售经管类书籍,与之匹配的是机场书店的销售渠道,两者都偏向商务人群。

十年间,中信已经配置出自己的书店渠道。中信出版社开起"中信书店"是在 2008 年,那时正是民航业的黄金期,飞机上还上不了网,中信书店瞄准了那群想在旅途中打发时间的人。同年秋天,第一家中信书店在大连周水子机场候机楼开业,2013 年,中信书店发展进入鼎盛时代,在全国拥有 137 家机场书店。

内容与渠道之间有了更好的结合,但扩张租金昂贵的机场书店也让中信付出高亏损的代价。直到 2015 年,王斌接受媒体采访时表示,中信书店仍处于亏损阶段,金额达几百万元。事实上,低利润是机场书店普遍面临的情况,而且这个市场的竞争依然在加剧,汇智光华、逸臣文化等机场书店都是中信的对手。

高海博
第一财经周刊主笔,
关注一切与文化相关的领域
📍北京

2016 财年三家机场书店营收净利对比

● 营业收入　● 净利润

单位: 万元

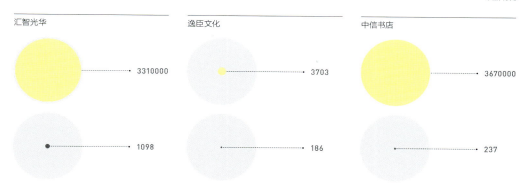

汇智光华	逸臣文化	中信书店
3310000	3703	3670000
1098	186	237

数据来源: 汇智光华、逸臣文化数据来源于 2016 财年财报。中信书店数据根据公开资料综合整理。

2016 年年底,中信书店与首都机场为期三年的合同到期,在新一轮竞标时未能中标,于 2017 年 1 月关闭了首都机场 T3 航站楼的 12 家书店。到 2017 年,中信机场书店已经减少至 62 家,关店成为止损的直接办法。中信出版解释说,关店是"出于书店业务整体战略布局及实际经营情况"。

中信书店也提出了新定位——以智能化服务为依托,建立以各类图书销售为主,同时涉及互联网创意产品、国际优质文具、生活杂货、收藏和装饰、家庭生活集市、运动产品等丰富内容的新业态店面。

这就要求中信重新在城市中建立新的空间,增加新的内容与消费产品。为此,中信选择了一条更快速的方式——成立合资公司。2017 年,中信出版集团与泰国正大集团合资组建新的咖啡品牌"正信咖啡",同时与日本茑屋书店母公司——CCC 合作,共同组建中信出版日本株式会社,新的合资公司将承担中日两国书籍出版、发行以及授权业务,还计划涉足旅游业务与文化活动的企划、运营。一个已经开始讨论的方案是,利用 CCC 旗下的 TSUTAYA 与茑屋书店的 know-how,两家公司将在中国合作开设零售店铺。

新产品与新内容的加入可以帮助中信书店迅速完成升级,中信也更明确书店在不同消费场景的不同定位。针对城市人群在工作、休闲、出行方面的需求,中信分别在高端写字楼、大型商业综合体、机场等区域设置了城市商务生活店、城市文化体验店、大型主题店、交通枢纽店等多种店型。

其中,城市商务型书店以写字楼客群需求为出发点,更像是一个茶歇空间与文化便利店的概念;城市文化体验书店则以文化消费需求为出发点,是一个文化空间概念;大型主题店则更多是通过全球采购,展示最新生活与科技产品,用数据驱动销售;

交通枢纽型书店将会是对机场书店的升级，从书店变成"商务文化综合服务的入口"。

王斌对中信书店、正信咖啡以及中信出版与日本 CCC 联合品牌寄予厚望，这三者构建他眼中"新中信书店"的未来架构。

与书店端变化同步的是出版业务。除了稳定的经管类书籍，中信还在开拓新的品类，在童书品类中设立了"小中信"品牌。更重要的是，既然定位为"知识服务商"，像是一些课程、知识付费产品、有声书、电子书都集中在中信书院 APP 上，集中面向 C 端用户。

当出版社只生产图书时，它只能为渠道提供图书这一种产品，而当它将自己的内容包装成不同产品形态时，渠道端也拥有了更多产品种类与更多销售的可能性。

按照计划，中信出版在未来三年将建设 180 家城市生活店与 3 家主题店，并延伸至活动、论坛、艺术、学习、餐饮等文化服务领域。¶

中信书店开始在城市建立新的空间。

PageOne：
别把书店看成零售业

by／高海博 **photo**／林舒

PageOne 换了新东家。

2017 年 8 月，上市公司新经典全资收购 PageOne 书店大中国区品牌及所有书店业务，这意味着，原本来自新加坡的 PageOne 变成了一家中国公司。

出版公司新经典拥有了一个具有足够品牌影响力的渠道，但在新经典看来，PageOne 还承担着书店与文化空间的双重属性。PageOne 总经理刘刚将新 PageOne 定位为"公共性文化品牌"，它要提供的不只是图书内容，还包括像展览、讲座、付费课程等内容。

在刘刚的规划里，书店只是 PageOne 的一部分功能，图书馆、咖啡馆、小型展览馆、线下教育课堂都是文化空间可延伸的功能。

PageOne 对自己的新定位是"公共文化品牌"。

但这些事实现起来并不容易，打破原有 PageOne 的设计、重新构建店面、扩大活动与阅读空间……刘刚认为，新的 PageOne 是一家慢公司。

Q：PageOne 四家店都在北京，新经典收购之后有没有拓店计划？

刘刚：成都店在收购之后我们就关了，今年最重要的任务是理顺我们的发展逻辑，并没有继续开店的想法。我们在一个城市对书店有不同的规划，会分为地标店、城市中心店、社区店三个类型，不想去做快速复制。比如北京坊店有 3000 平方米，它是地标店。城市中心店像三里屯店，占地面积 1500 平方米，处于中度本量。社区店会在 500 至 700 平方米之间　根据当地社区特色、人群结构，在选品、策划活动上形成变化。比如国贸店与颐堤港店就会有很大不同。

Q：你们不会规模化复制店铺吗？

刘刚：我们对书店的理解不是零售，而是一个综合的文化空间，这需要我们在纸质内容基础上补充更多其他内容，比如课程、讲座。以北京坊为例，除了书店本体还有一家社区图书馆，更具在地性。另外，我们在附近胡同里还有一个小院，未来提供给驻店作家居住，整个小院由 MUJI hotel 来运营，给作家提供一个闹中取静的舒适环境。这样作者可以到书店来做工作坊，与读者交流，开设小规模的课程。

Q：明明是出版公司，新经典为什么要收购书店？

刘刚：从宏观角度看，出版公司收购书店可以拿到更真实的销售数据，对于自己出品图书的库存、销量、周转有更明确的感受——但这并不是新经典的目的，新经典

刘刚
PageOne 总经理，做过报纸、杂志、图书出版，现在"直接服务读者"。
📍 北京

PageOne 重新设计了店面,扩大了活动与阅读空间。

这类更有话语权的公司其实已经可以拿到这些直观数据。另一点是,自己拥有书店,可以保证对出版社及作者的服务更好。新经典收购 PageOne 并不仅是拥有一个渠道,PageOne 也不会刻意把新经典的书摆到前面销售。我们把 PageOne 作为一个新的公共文化品牌,与新经典这个出版品牌共同成为整个公司的一部分。

Q:PageOne 定义为"公共文化品牌",相较于之前的书店定位有什么不同?

刘刚：其实书店遵循着零售的业态，零售业并不简单，有很多供应链、技术环节要解决，但我们是做内容出身，对书店的思考会不一样，没有把 PageOne 看成零售，它更像是文化空间的概念。书店业发展到今天，文化空间的功能已经被证实，我们要做的是在此基础上加一些新的、可探索的部分。

Q：很多书店，像方所、西西弗都在转型，比如增加文创产品，增加休闲区，让坪效更高。PageOne 的文化空间与其他书店的空间有什么区别？

刘刚：还是有很多不一样。首先是面积，在店面空间使用上，我们会扩大咖啡区、活动区的使用面积，增加留白；我们也会摆放我们认为更有价值的图书，追求头部内容，而不是追求大量品类的覆盖。

其次是活动方面，其他书店主要以免费活动为主，新书发布会居多，可以直接与图书销售形成硬关联。但是我们不打算做新书发布，也不做免费活动，我们的活动更像是知识分享的课程，会更高级，这些可以作为活动收入，而不是图书收入。

另外，在选品上，大多数书店都是以日本文创为主，我们希望可以做出差异化，主要选国内原创品牌。比如植物，这很契合生活美学升级需求，把一棵好看的植物摆在家里不太会犯错误。

Q：一定程度上，是不是正是因为新经典的收购才让 PageOne 去尝试这条路径？

刘刚：可以这么说，这次收购有两个重要前提。一方面新经典是做内容出身，对内容有理解，这让我们距离探索内容这条路更近。另一方面是书店，PageOne 得到了更多来自出版社的内容资源与内容支持，这里不单纯是说书，而是作者资源。书店距离作者更近，会更容易有活动，也会与读者更接近。

Q：你们如何利用活动空间？

刘刚：比如说，我们会跟知乎谈大 V 的线下课，也在与徐冰老师谈做更有互动性的展览。总之，我们会有更广泛的内容展现能力，通过内容制造文化热点。我一直在想，读者为什么会来书店？可能是因为阅读需求，也可能是好奇心，我们通过空间设计、通过选品来解决这个问题。另一个问题是，读者为什么再来？我认为是内容，我们要给读者提供更丰富的面对面内容。

Q：在收购之后，PageOne 最大的变化是什么？

刘刚：刚才说了是理念上的变化，这里我说一个小地方。之前 PageOne 希望它的读者买完就走，我们在三里屯店有位老读者，经常坐在地上读书，店员过去她都会起来，因为知道 PageOne 的店员会去提醒。但这次，我们店员过去给她拿了一个垫子，让她更好地坐着看书，这是最大的变化，对原来的店员是很颠覆的。我们希望读者有更好的阅读体验，每一本都有样书，可以说承担了部分图书馆的功能，现在也可以不用结账就带着书去咖啡区阅读，买不买自愿。

Q：现在的经营状况如何？你理想的收入比例是多少？

刘刚：现在的几家店都处于亏损状态，还是内部调整阶段，北京坊店其实还未正式营业，空间结构还在调整，还有许多区域在设计，2018 年 8 月会完成整个升级。目前收入比例上，超过 60% 还是来自于书，另外就是文创与咖啡。理想的结构是图书收入在 50% 以下，空间活动收入更多。¶

台湾"田园城市"：
出版社开了小书店

by／孙舒玮　photo／Fabian Ong

谈起台湾有特色的书店，很多人跟我们提到过"田园城市"。它既是一家出版公司，也是一家生活方式类书店，还是一个展览空间。我们采访了田园城市文化事业有限公司社长、创始人陈炳槺，请他跟我们聊聊自己对出版社与书店空间的看法。

Q：出版公司开张 10 年后，你为什么要开一家书店？

陈炳槺：首先是公司办公地租约到期；其次我觉得，那时出版社和经销商之间合作的契合度也下降很多，所以出版社必须要走出来探索更多相关的可能性；再就是也想有一个能按照自己想法去陈列图书的空间。所以在找新地址时，就尝试将展览空间、书店空间，还有编辑部结合在一起。

Q：田园城市出版的图书主要是建筑、设计和摄影等方向，为什么会选择这些种类的书？

陈炳槺：在创社时，这类书的种类比较少也比较难操作，但也更有市场；另一方面，我们爱书，对美感的追求也有所提升，而展现美感主要是通过有图像的视觉艺术图书。设计美学应当具有普遍教育性，而学设计的人所使用的书，也要通过书籍的编排印刷、质感以及装订等来展现设计美感。

Q：为什么会考虑把编辑部和书店设在一起？

陈炳槺：这样的设置可以带来一种临场感，把消费者和作者带入出版链中。作者提供独特的想法，我们根据这些想法就地提供相应的素材作为参考，所以出版计划并不是远在云端的纯粹幻象。当作者也不清楚如何将自己的内容出版、呈现出来时，我们可以通过书店和展览空间，来发掘它的内容究竟适合怎样的操作，

陈炳槺
田园城市文化事业有限公司
社长、创始人。
📍 台北

这间开在小巷、带展览空间的书店靠选书与策划吸引着读者。

寻找相应的纸张排版、装订，或者通过展览空间来进一步表现书本的内容，将作者的想法和书籍的概念呈现出来。我们提供了预知书籍未来模样的可能性，这样的互动也让我们的交流、制书过程变得更加轻松。

Q：独立出版相较于传统的出版形式有什么优势？存在什么不足？

陈炳杕：传统出版主要有两类，一是翻译书，二是自己著作的自制书。出版书是很耗时间的，但翻译书出版相对较快，也有口碑可以参考。对出版社来说，出版自制书是存在风险性的，所以普遍不太愿意将重心放在自制书上。可是不管是自制书还是翻译书，都会面临渠道问题。

书店或网络这类正常渠道会面临折扣和利润的问题，因为它太单一了，所以在书籍材料的选择、装订方式和设计难度上，都会尽量避免过多的花费。所以传统出版并没有所谓的优势不优势，看重的是利润点。

独立出版可以避开这样的渠道。它量不多、压力也没有那么大，相对而言，成本也比较高，出版过程更具实验性。相对于传统

出版的大渠道，独立出版的图书更多会选择通过独立书店，或与其他有可能的销售空间合作，或者是借助网络自行销售，内容选择上更加偏向艺术或者创作类。由于数量较少，尽管书本定价可能更高一些，但消费者购买的指向性也更强，而不是去一味地比较书本的价格，所以利润点还是有的。所以这两种出版方式各有优劣势。

Q：相较于追逐爆款和畅销书籍，田园城市在书籍的选择上更加倾向于小众化传播，这不会对销售有影响吗？

陈炳棪：畅销书在书店的"能见度"就是到处都有，所以读者买畅销书会更加注重价格和时间。因为畅销书也是外版书，所以我们要考虑对书店而言，利润到底能拿多少，即使我们卖畅销书，销售量又怎样。

畅销书的种类非常多，相应地，读者也处于游离状态，所以你不能准确定位这群读者。很多时候，畅销书的目标读者并不是我们真正的目标消费者，而留住我们真正的读者才是最重要的事。我们不是大型书店或者是综合性书店，所以要清楚地明白自己的魅力在哪里，书店的文化在哪里，以及读者来书店的目的——究竟是为了便宜而来购买畅销书，还是为我们能提供一些别家书店没有的书籍而来。

Q：田园城市书店的目标消费者是哪些人群？你所观察到的去田园城市书店的消费者是否有变化？

陈炳棪：有变化。（来的这些消费者）从最早的专业书籍读者，慢慢扩展到各个专业的受众，然后到现在的生活美学读者。其实不论年龄、专业，每个人都可以了解、介入生活美学。无论是我们以前的主要读者群，还是年轻一辈的读者，都可以在一个

小空间里相互影响彼此所读书籍的范围。新老读者是可以联系在一起的，而不是去放弃某些读者、转向新的群体。

Q：田园城市书店每个月的展览，在主题选择策划上有什么倾向？你们又如何确定工作坊与座谈会的主题？

陈炳棪：我们希望它是比较新鲜、有创意的，也不一定要很有名，倾向于生活风格之类的。我们也希望主题能够更加亲切，没有什么门槛。在工作坊这件事上，我们希望大家走出门、参与进来。在很多专业性较强的领域——比如说制作陶器，大部分时间里，这些人都会待在自己的工作室或者教室中。我们希望提供一个空间、一种途径，将这些人和对这样的生活方式感兴趣的人们连接在一起。

Q：我注意到，你们书店的书籍推荐很有意思。谁负责这些推荐语？为什么会设置这类推荐方式？

陈炳棪：书籍的推荐语会由大家一起讨论，我们其实是想把看书这件事变得轻松，通过我们的推荐语给我们的读者更多尝试阅读自己专业领域外书籍的机会，不分领域、不分时代，让他们看到一些不同，多一些尝试的可能性。

Q：你所经历过的最大的挑战是什么？

陈炳棪：天灾和人为的都有，比如刮台风时存放书籍的地下室仓库进水，经销商垮台造成款项延误等。还有整个环境的影响，因为在我的认知里，每家出版社都应当有自己擅长的出版类别和文化。但现在大都变成了什么都要出版的综合性出版社，所以就会互相攀比。

近年台湾的出版门槛也较低，只要有资金

田园城市风格书店
地址：台北市中山北路二段72巷6号
营业时间：周日至周三10:00 -19:00
周四至周六10:00-20:00
电话：+886 2 2531 9081

投入，很快就可以成立一个出版公司开始出书，出版书变得更简单，而书的种类又相当多，很多时候读者还没来得及看到这本书，书就被退回了出版社。市场只有这么大，同样的事情每家出版社都做，利润就会被摊薄。对于读者而言，获取资讯的途径并不仅限于书本，书本上的内容也可以通过手机、电脑、电子书接收，这样的阅读方法也占用了读者大量的阅读时间。

Q：你对当下图书出版业、零售环境有什么期待？有想要试图改变的东西吗？

陈炳槮：我只是觉得，我慢慢能够按着自己的步调和兴趣继续做下去。整个出版业

01

02

03

04

05

06

07

08

09

● **Reader Side**

01 @ 田园城市生活风格书店 facebook 粉
丝页 田园城市生活风格书店外景
02 @ aser628 田园城市生活风格书店招牌
03 @ 田园城市生活风格书店 facebook 粉
丝页 田园城市店外的展览海报
04 @ 田园城市生活风格书店 facebook 粉

丝页 田园城市艺文空间
05 @ 田园城市生活风格书店 facebook 粉
丝页 社长的古本屋
06 @ 田园城市生活风格书店 facebook 粉
丝页 店内书籍的摆放陈列
07 @ 田园城市生活风格书店 facebook 粉

丝页 田园城市展览空间
08 @ 田园城市生活风格书店 facebook 粉
丝页 田园城市展览空间
09 @ aser628 各式书籍推荐语

东京 Readin' Writin' 书店
地址：东京都台东区寿2-4-7
营业时间：12:00－18:00
休息日：每周一
电话：+81 363217798

东京 Title 书店
地址：东京都杉并区桃井1-5-2
营业时间：12:00－21:00
休息日：每周三、每月第三个周二
电话：+81 368842894

其实很难掌控，有很多问题不是个人能控制的，当然随着时代变迁，一些机制会被淘汰，还有环境趋势会有一些改变。其实大家都在努力。比如说为什么出书变得那么快，是因为担心，可能在书店看不到自家的书，所以要赶时出版，但这种方式究竟是在浪费时间、人力、金钱，还是对出版社的发展起到一些作用，还有待观察。

现在的出版环境，我个人觉得处于一个很混乱的时间点，没法去摸清具体脉络。但我发现，在对书店空间的利用上，目前有了新形势。但如果只是一个没有特色的空间，只是用一个壳子来盛放这些东西的话，也依然是一种浪费。所以就台湾来讲——我相信大陆也一样，旧的书店因为跟不上时代只能被淘汰。新的书店会越来越多，空间也会越来越豪华，但书本的情况又如何？这是值得深究的。如今，台湾的出版业会让很多愿意加入进来的年轻人过早地把热情消耗掉，本来很有乐趣的东西，为什么实际操作起来这么无聊？很多出版社的

想法都太过保守，我尝试着做完以后，他们才会跟着做什么，所以做完一段时间我们还要逃离现场，再去尝试新的内容。

Q：田园城市的未来会是什么样？短期内有什么计划？

陈炳槟：短期计划除了出版计划的制订、书店展览外，还会同日本、韩国等国外创作者展开合作互动。我觉得这个年代经营书店，最关键的还是在人的态度、经营和理念上。所以很多人跟我讲要做连锁店时，我都不轻易动摇。

Q：你理想中的书店空间什么样？

陈炳槟：当然是以书为核心的书店空间。很可悲的是现在很多书店，书成了装饰品。咖啡、百货却成为书店的主体，这和我的想法是完全不同的。我更想为不同领域的作者提供一个相互交流的平台，探讨书未成书之前它的内容形式会有怎样的可能性，是否可以被呈现，这才是我个人觉得百花齐放，具有未来性的理想的书店空间。

Q：放眼全球来看，你最喜欢的书店空间在哪里？哪里吸引了你？

陈炳槟：我觉得现在日本的书店空间好像值得期待。一些旧的书店因为经营者的人际关系、书店空间的结构关系、选书的关系，被淘汰是自然而然的。可是新的年轻人很有想法，日本的一些小书店，比如 Title、Readin' Writin' 等，其实很有想法，很有个性，而且专注点也都不同。所以我觉得这是蛮正面的，可是台湾比较难实施的地方在于，书的题材和选择方向都太少，每家书店都一样，对消费者来讲，去哪儿买其实都一样。大型书店可以靠其他产业，比如做百货商场来赚钱，但是小型书店则要思考如何定位自己的角色和发展。¶

将百货店搬进书店似乎是个误解。

书店应该有自己的核心价值——

一个读者因此而来的理由。

Q4

新一代书店都有什么样的新点子？

书店之名,"万物商店"之梦

"亚马逊线下书店" 体验报告

by / 李蓉慧 photo / Kathy Yue

选址 · Location		🗹 纽约、芝加哥、硅谷等人口密集的城市和地区
商品 · Products		🗹 书、电子产品、其他非书籍小商品
选书方式 · How to select books		🗹 数据与算法
陈列逻辑 · How to display		🗹 书籍与电器分区,留出阅读位
		🗹 选取用户评分4 分以上图书
		🗹 书籍封面朝向消费者
		🗹 摘取线上用户评语展示
		🗹 根据数据做出书籍细致分类
		🗹 列出"猜你喜欢"相关书籍
支付逻辑 · How to pay		🗹 亚马逊线上实时价格查询
		🗹 Amazon Prime 会员优惠
		🗹 同时支持线上、线下支付
运营目的 · Purpose		🗹 获得新会员用户
		🗹 让已有用户贡献新的数据
		🗹 完善用户画像
		🗹 获得线上广告收入

亚马逊书店位于硅谷的第一家分店在圣何塞一条繁华的商业街 Santana Row 上，周围是特斯拉零售店和受年轻人喜爱的品牌 Kate Spade New York。如果用"书店"为标准来衡量，除了可以将旗舰店开在纽约第五大道上的巴诺书店，恐怕没有谁能从开发商那里拿到这样的位置。但如今，这里的亚马逊书店已经不再是一家只用"书店"去定义的零售店了。

以 Santana Row 上的这家亚马逊书店为例，书是店里的核心商品，书籍摆放按照普通书店的分类原则，例如小说、商业、体育、食品、儿童读物等。不过与普通书店最大的不同是，决定挑选书籍和陈列方式的，是数据和算法。

数据先决定了消费者会在这里看到什么书——只有在亚马逊网站上获得 4 分以上（亚马逊网站总分为 5 分）的书才能被挑选进亚马逊书店。每一本书都以书的封面朝向消费者，而非书脊。书的下方会有一个信息卡，印刷着随机选取的亚马逊用户对这本书的评语，和这本书在亚马逊上的综合评分。在普通的书店或者独立书店里也有类似的信息卡，只不过通常是店员写的。

其次，数据决定了消费者将如何看到这些书。除了小说、商业等常规的书架，亚马逊书店里会根据亚马逊线上的数据在书店里作更细致的分类，例如"在亚马逊上用户评论超过 10000 条的书籍""旧金山湾区销量最高的小说"等。

算法则集中体现在标记着"如果你喜欢（If you like……）""那么你会喜欢（You will like……）"的书架——这恐怕也是大部分消费者来亚马逊书店最想"测试"的地方。举一个简单的例子，如果你在"如果你喜欢"的书架上看到了硅谷投资人彼得·泰尔（Peter Thiel）所著的《从零到一》，那么你就会在"那么你会喜欢"中看到另一本与创投相关的畅销书，例如硅谷另一位知名风险投资人本·霍洛维茨（Ben Horowitz）写的那本《创业维艰：如何完成比难更难的事》。

李蓉慧
《第一财经周刊》驻硅谷记者，
关注技术、商业与生活方式。
📍 硅谷

亚马逊书店将它的算法推荐带到了线下实体店。

书只是这个零售店商品的品类之一，之所以说已经不能再用书店的标准来衡量它，是因为那些书以外的东西。

独立书店和连锁书店都销售非书籍类商品，主要是文具、卡片、玩具、布袋等。巴诺书店还搭配着与星巴克咖啡的独家合作，在店里开辟了单独的咖啡馆。同样是销售非书籍类商品，亚马逊书店则把店里最黄金的位置，也是书架以外最大的空间都给了亚马逊的电子产品。这也是《纽约时报》记者在 2015 年 12 月亚马逊旗舰店营业后，评价亚马逊书店其实是一个"电子产品零售店"的原因。

无论是在 Santana Row 的硅谷分店，还是在西雅图大学城的旗舰店，商品的陈列原则是：书店入口和左侧是书籍，右侧和中央都用来展示亚马逊电子产品和其他受欢迎的产品。后者以亚马逊智能音箱 Amazon Echo 系列和 Kindle 系列产品为主，它们正对着收银台的店中央，亚马逊也允许其他一些支持亚马逊智能语音助手 Alexa 的电子设备，以及个别极受欢迎的电子产品——比如 Bose 耳机——进入店铺，有时 Kindle 也会被摆在书架上。除此之外，我们在西雅图的大学城店和 Santana Row 店里都看到了在亚马逊上销售的其他门类的小商品，例如"亚马逊上评分超过 4.5 的流行文化相关玩具"。

在西雅图旗舰店，书店里左侧书架的旁边，临窗有木质的楼梯，空间较大，很多消费者会坐在那里看书。在 Santana Row 的亚马逊书店里没有足够大的空间，但也在左侧靠窗处留出了沙发的位置，还有人在社交媒体上调侃亚马逊书店里的无线网络网速很快。

显然，如果用书店的标准来衡量，亚马逊在利用数据和算法陈列书籍之外，也想增加一些普通书店留住用户常用的空间使用方法。但独立书店在品牌故事、书店氛围方面有特殊性，大多无法复制；亚马逊书店则像连锁店那样，解决了仓储和物流的问题，可以加速规模化，这也是差异化不够的连锁巴诺书店受到亚马逊冲击的原因。

书店经营咨询服务公司 Paz&Associates 创始人多纳·帕兹·考夫曼（Donna Paz Kaufman）认为，如果消费者想知道亚马逊的读者喜欢什么书，可以在网站上浏览和下单。但是支持独立书店，或者真正爱看书的人，他们会希望去一个有特别氛围的地方，看看书店的店员推荐了什么书，这些

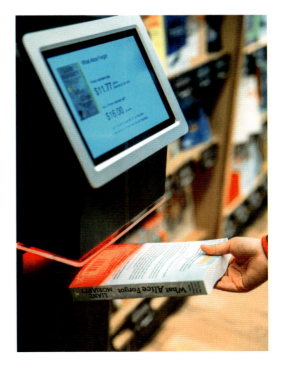

消费者也乐于支持一个本土书店。

但谈到书店的运营，亚马逊也有短板。技术、商业与文化领域的畅销书作家、《浅薄：互联网如何毒害了我们的大脑》一书作者尼古拉斯·卡尔（Nicholas Carr）在研究了亚马逊书店之后分析称，亚马逊的短板在于"缺少零售业实体经营的经验，它在软件和数据处理方面的能力毋庸置疑，但其人际交往能力（people skills）是另一个问题"。虽然在亚马逊书店里，也会有员工负责摆书，问问消费者需要什么帮助，但店内用数据决定一切的方式无形中消除了人际交流的必要——你不会期待亚马逊的店员能给你独立书店选书人一般的推荐。

氛围让位于效率，而且亚马逊的野心不止于书店。尼古拉斯更愿意把亚马逊书店看作一个"更广泛推广实体零售业的先锋"。他认为亚马逊会从书店开始，继续增加开店的速度和商品品类，最终挑战整个零售业的实体店业务。

亚马逊书店里的一个隐形商品暴露了它的野心——亚马逊会员 Amazon Prime。

亚马逊书店有一个隐藏的"把戏"：那些封面朝向消费者的书籍上没有价格标签。所以，几乎每个书架附近都有一个查价格的机器，扫描书的条形码会看到亚马逊网站上的价格。接下来你可能也想到了——亚马逊会员会获得更多的优惠。

非亚马逊会员需要支付市场定价，而亚马逊会员则会获得折扣。店员会在消费者询问时提到加入亚马逊会员的好处。这种做法在普通商场或零售店很常见，用加入会员给予更多优惠的方式，吸引消费者购物，并想办法把他们变成忠诚用户。

而且，为了把支付方式做得更符合使用手机长大的年轻人的习惯，亚马逊书店也欢迎消费者直接在手机上的亚马逊软件里下单支付，只要把支付的结果拿给前台的店员核对就可以把商品拿走。在我们采访其他连锁书店和独立书店时，他们都不约而同地提到消费者在店内浏览。去亚马逊下单购书是普通书店最不愿意见到的情形。亚马逊自己解决了自己的问题。

在亚马逊实体书店，人们可以用线上实时价格下单。

让实体店们害怕的亚马逊来了，但亚马逊的关键价值还是在线上。对亚马逊来说，这正是亚马逊书店的目的——获得新会员用户，让已有用户贡献新的数据。

在新会员方面，根据亚马逊 2018 财年第一季度财报，亚马逊订阅服务（包含 Amazon Prime）收入为 31 亿美元，同比增长 60%。我们现在还没有得到这个增长数据与亚马逊书店之间关系的数据，不过值得注意的是，亚马逊在 2017 年加快了开店步伐。目前亚马逊书店在全美国共有 13 家店，它于 2015 年年底在西雅图大学城开设旗舰店之后，2016 年新增两家书店，2017 年全年开出了十家新店，且都集中在纽约、芝加哥、硅谷等人口密集的城市和地区。

除了获得新会员，这些在实体店的新消费行为也与线上数据一起，完善着用户们在亚马逊系统中的"人设"，让亚马逊获得更精准的广告收入。目前亚马逊的主要广告收入来自产品搜索页面的"赞助产品"广告位，允许第三方卖家付费购买——这些广告也会随着用户的搜索推送到用户眼前。亚马逊 2018 财年第一季度财报显示，亚马逊广告销售额为 20.31 亿美元，同比增长 132%。¶

看看硬挤进书店圈的 Village Vanguard 如何不务正业

by／孙梦乔 **photo**／Fabian Ong

列举日本的几家大规模连锁书店——文教堂、三省堂、茑屋书店、纪伊国屋书店、Village Vanguard……这家叫 Village Vanguard（以下简称"VV"）的，从名字上就在书店堆里显得有些特立独行。

第一家 VV 开在名古屋郊区的一处铁皮造的农业仓库里，老板菊地敬一喜欢爵士乐，便借用了美国一家爵士酒吧的名字。自诩书店的 VV 自开业起就"不务正业"——不仅卖书，商品还涵盖零食、杂货、小型电器、音乐 CD 等。

最初的 VV，像主人拿自家闲置的后院仓库改造的秘密基地，摆自己感兴趣的书，放自己喜欢的音乐，备着爱吃的零食，甚至还有一张台球桌。书和杂货也不刻意分开，经年累月，东西越堆越多——过道变得狭窄，海报贴上了天花板，甚至牵起绳子，把头顶的空间也利用起来。

后来发展起来的 350 多家连锁店也延续了这种看起来有些杂乱的"仓库式"陈列。只是，这些"仓库"已经由菊地敬一的个人兴趣，逐渐延伸成了各个店铺的店员的兴趣集合，每家个体店铺都由店员最大程度地参与选品和陈列。这样的运营方式让每家店都个性十足，比如 VV 粉丝们就发现——下北泽店有个绘画高手，新宿店原创的杂货特别多，而涩谷店的店员里一定藏了个漫威迷。

VV 下北泽店
地址：东京都世田谷区北泽2-10-15
营业时间：10：00-24：00
电话：+81 334606145

VV 涩谷店
地址：东京都涩谷区宇田川町23-3 B1F/2F
营业时间：10：00-23：00
电话：+81 364165641

· **Key word 1** ·
陈列乱七八糟

"排得太整齐，会让人无法触及。"VV 东京下北泽店次长长谷川朗更愿意让店里看起来"乱一点"。

当然不仅如此。书和杂货混着卖，看似毫无章法的陈列方式其实是深思熟虑过的联想游戏。简单一点的，摄影集附近或许摆着拍立得，小说附近摆着作者爱吃的饼干。除了简单的关联摆放，VV 还会在店铺中央设置一个个主题货架。下北泽店内有 30 多个主题货架。

比如一个减肥主题的货架里，店员预想你可能需要一些减肥成功后的美好形象来刺激一下减肥欲望，这里就会摆上一本以苗条女性为主角的写真集。据说蓝色是最让人没有食欲的颜色，这里就会摆上蓝色的盘子或是蓝色的果酱。当然要减肥的你还需要多运动，这里就能找到

一本登山指南，甚至还为你配好了必要的登山包。每一个主题货架的个体商品，甚至相邻的货架之间都存在些微妙的联系。

VV 的货架摆得像是迷宫，让你一眼看不到尽头。"客人们会有被拽进来的感觉。这能让他们产生兴奋感。而且看不到前方路线，会让他们在店内逗留更多时间。"长谷川朗说，客人们平均在店时间大约有二三十分钟。

在 VV，玩一个什么主题的联想，这个联想要怎么玩，大多取决于店员们的脑洞，VV 的店铺中几乎很难找到相同的主题或是完全一样的摆放方式。东京涩谷店里最近设了一个"大便"主题，你不仅能找到"大便"形状的水杯和玩偶、便器形状的食器、老派的塑料厕所专用拖鞋，甚至还能找到几本适合消磨厕所时间的填词游戏。

推出这个略显重口味的主题也不是毫无缘由，VV 曾在 2017 年 11 月的店内宣传册上大篇幅介绍了一位被称作"粪土师"的活动家——伊沢正名和他写的书。伊沢正名从 20 世纪 70 年代开始自然保护活动，也是一名菌类主题摄影师。他常年坚持在大自然中如厕，并且使用自然中的树叶等物来替代卫生纸。他的这些书也曾在 VV 中出售。

当然，它也会遵循零售店的基本定理。像在东京下北泽店，通向正门的主通道就是店铺的"黄金销售区"，两侧摆满了不同主题的各种"堆头"，一些带有店铺特色，能够与更多收入潜力关联的主题区域也会获得更好的位置。下北泽是年轻人聚集的文化胜地，也是喜欢演剧人群的著名亚文化据点，VV 下北泽店就以此为核心，找到很多与书籍主题相关的艺人来合作活动，既聚拢人气，也促进书籍销量。

搬迁后的东京涩谷店加设了偶像演出舞台，几乎每天都排满了各类偶像团体的 live 演出，这间店舞台所在楼层的定位已经更偏向于喜欢偶像的人群。

· Key word 2 ·
选品偏爱"非主流"

VV 并不刻意回避出售主流商品，2017 年 12 月卖得最好的 CD 是广末凉子的新专辑，村上春树、新海诚的作品仍摆在显眼的位置。但 VV 在书籍和 CD 的选择上更偏爱那些小众主题，以区别于其他书店。

长谷川朗归纳了他的选品原则——"少见"，换句话说，要一眼望去有冲击力，与其他店形成差异化。

在 VV 网络商店的书籍分类里，种类最多的是摄影集和艺术、建筑、设计类书籍。即便是在书店必备的旅行书籍专区，你也一定找不到列好观光景点或是画满地图的旅游工

VV 东京下北泽店次长长谷川朗（上图）与店员中泽孝纪（上页）。

具书，却能找到诸如"1日往返的喝酒之旅""3 年在谷歌地图上插满 100 个图钉的扎地球指南"。

CD 主题货架上会用一个小型显示屏播放音乐人的 live 现场视频或是 MV。这些被推荐的歌手或乐队往往还只活跃在某一个城市，或者尚未聚集太多人气。VV 甚至还会给还没红起来的少女偶像组织众筹，用于拍摄写真集。

在杂货上就更是如此，"人气商品家家都卖，杂货的流行趋势产生了再去追，往往也晚了一步。VV 花更多精力在开发原创商品和发掘小众的趋势上。"VV 商品企划部长加藤祐贵说。为了更接近创意氛围活跃的东京，VV 商品企划部 7 年前从名古屋搬到了横滨。

目前，VV 已经成为独立创作者的重要发展平台。总部和各个人气店铺几乎每天都能收到独立创作者的投稿，希望自己的作品能在 VV 上架出售，其中包括一些创意手工，自费出版的漫画或写真集甚至音乐专辑。店长们和总部的商品部门需要在大量的投稿中掘金，并商谈合作事宜，将一些出色的作品正式商品化。VV 3 年前开始举办杂货创意大赛，意在挖掘更多的好创意。目前，这些原创商品在网络中的销售额以每季度三位数的速度增长，成为 VV 最吸引人的的商品类别。

VV 也鼓励员工积极贡献创意和想法，2017 年圣诞节，VV 和日本肯德基联名出品了一个鸡腿形状并带有炸鸡味儿的固体入浴剂，被当作购买肯德基圣诞炸鸡桶的礼品赠送。还发售了一款 YouTube 视频画面效果的镜子用于视频拍摄练习，因为据说"成为 YouTuber"已经成了日本小学生长大后最想做的职业。

· **Key word 3** ·
用纸片"说话"

VV 店员不常在店里走动，也很少上前主动与顾客沟通。但当你目光扫过那些贴满店铺各处的大大小小荧光黄卡片，就发现他们在与你对话。书架旁的地板上贴着"站在这里拿起一本书看，会让你看起来很聪明"，游戏主题货架上写着"游戏每天只能玩一小时哦"。两层的店铺，刚要走出门去，想着"还有一层这次就不去了吧"，就看到门口的小卡片，似乎还带着点撒娇的语气说："不去楼下看看吗? 真的不去吗? "

这种小卡片叫作"POP"，是"point of purchase advertising"的缩写。因为灵活性高，常常作为店员与消费者语言沟通的补充，被广泛运用在追求个性的零售商店。在 VV，这些小纸片都是店员手写，有些还带着插画。长谷川朗就是写 POP 卡片的好手，如今，他也要求店员在各自领域写出吸引顾客的卡片，同在下北泽店的店员中泽孝纪就擅长在 POP 海报上加入漫画。

VV 的动线与陈列设置以主题分区，让人沉浸其中。

VV 把 POP 也运用到了商品推荐中。比如在漫画书《你的名字》封面上写着"田中です"（我叫田中），或者在一本名为《世界上最危险的生物》的动物图鉴上贴上"嫁（老婆）"。这些语言或严肃，或幽默，或自嘲又或与内容毫不相干，却成功吸引了你的注意力。

这种风格的交流方式也延伸到网络。有用户在 Twitter 上展示自己购买的 2018 年的 VV 福袋，吐槽："简直买了一袋垃圾，鹿头形状的毛绒玩具什么的完全不需要！"接着就有 VV 员工转发回复道"净卖些没用的是我们的本分"。VV 以此为卖点，甚至直接宣传自己的福袋是著名垃圾袋，值得试试手气。

随着网络购书的普及，VV 的书籍销售额在2012年就仅占总销售额的10%，而这个数字现在还在继续缩小。如今年轻女孩是 VV 的主要消费群体，VV 也开始积极引进广受这个群体欢迎的韩国食品和化妆品，更不乏韩国偶像团体的周边。

"书店"VV 要靠更多元的商品来提振业绩，但书仍将在 VV 保有一席之地——虽然已经不是主要的推销对象，却和共同出售的其他商品一样，是一个主题的重要组成元素。多年前，书店们销售书籍；如今，它们销售的是"体验"与"话题"。

"把东西放着就能卖出去的时代已经结束了。未来是 idea 的时代。"长谷川朗说。¶

01

02

森冈督行

1974 年出生于日本山形县。日本法政大学政治系毕业后，1998 年进入二手书店"一诚堂"工作。2006 年在东京茅场町开了"森冈书店"，主要出售艺术类二手书，也出租空闲空间做些小型展览。2015 年将森冈书店搬到东京银座，并开始了"一册一室"的运营方式——一次只卖一本书，并策划与此书相关的展览，也会请来与此书相关的作者或编辑做讲座或直接与读者交流。

📍 东京

"每次只卖一本书"的
森冈书店如何诞生？

by／孙梦乔

2018 年 3 月里有一个礼拜，森冈督行在他的书店出售台湾设计师 Olivia Pan 设计的一本黑色笔记本，也是一本广泛意义上的"书"。那段时间里，森冈书店同时也展出了意大利佛罗伦萨艺术空间 Numeroventi Design Residency 创意总监 Martino di Napoli Rampolla、台湾艺术家蓝仲轩及台湾摄影师 Matt Liao 在这本笔记本上的创作，左右两边墙面上错落地挂着几位艺术家的摄影作品。购买这本书的读者可以得到一本包装精致的空白笔记本。展览期间，森冈督行与 Rampolla 还有一场小型对谈讲座，并为到场的人提供意大利巧克力和 Rampolla 家族酿造的红酒——这算是森冈书店普通的一周。

经过媒体们的喧嚣报道，如今的森冈书店已经有了些人气店铺的感觉。店铺所处位置是一条并不算热闹的街道，但还是不时有人拿着地址寻访到那里。

森冈督行自己做了店铺的室内设计，墙壁天花板都刷成一水儿的乳白色，墙上留着钉挂过的坑洼痕迹，天花板上露出的钢筋管线也不刻意遮盖。一间 16 平方米长方形小屋、一张木质老柜台、一部电话、一盏小黄灯——没有展览时，森冈书店从玻璃窗外就一览无余。

这家书店准备了不同大小的桌子或可拆卸的壁挂木框来满足不同展品的需要，作者也可以自由参与规划和陈列。就在我们拜访后的一周，森冈书店要配合一本《多肉植物图鉴》的销售，变身为一家多肉植物店。依据书的内容，森冈书店还会成为限时一周的蛋糕店、杂货店或是服装店……通过这样的方式，将二次元的书立

01｜Photo｜唐雅怡
02｜Photo｜森冈书店

体化，让读者更直观地感受这本书的世界，这也是森冈书店"一次只卖一本书"的核心概念。

将"只卖一本书的书店"这样有些理想主义的点子商业化，也少不了愿意冒险的生意人助推。2014 年 9 月，日本设计公司 Takram 邀请企划运营投资公司 Smiles 的老板远山正道做了一场关于"新商业"的演讲。在这个主题下，数名参加者有机会展示自己的商业设想，优胜者便有机会获得远山正道的投资。远山正道是日本创意与经营领域的知名人物，连锁餐厅 Soup Stock Tokyo、二手精品店 Pass the Baton 等公司都是他的实业。

森冈督行在那次活动上获得了远山正道的青睐。大半年后，主打"一册一室"概念的的森冈书店就在银座的一处僻静小道里点亮了灯。

Takram 公司参与设计了店铺 logo。除了一块能够展示"一册一室"空间的菱形图标，英文店铺地址占了大半，Takram 还为此专门设计了一套字体。在森冈督行看来，"铃木大楼"这个坐标是森冈书店 DNA 的重要组成部分——摄影师土门拳与设计了 1964 年东京奥运会图标的设计师龟仓雄，这些战后日本出版界的大咖们都曾在这里工作，这栋楼也可以说是日本战后出版界的起点。这套 logo 设计和森冈书店品牌先后获得 2016 年红点设计奖、IF 设计奖和日本优良设计奖（GOOD DESIGN AWARD），一时间，这家 16 平方米的小书店声名鹊起。

媒体采访和观光客蜂拥而来，开业接近三年，森冈督行依旧每周都要应付采访。然而，与媒体的高度关注形成反差的是，观光客

常常不会逗留太久，甚至因为语言障碍也不会积极购买。除了小型活动时，店里会站上十几人，大多数时间，店里往往略显冷清。森冈督行也直言，除掉自己的工资，森冈书店也只能说是勉强实现了收支平衡，卖得最好的书还是那些更有知名度的作家的作品，比如近期销售额比较高的就是铅笔画画家诹访敦的绘画集和同时出售的画作。

随着森冈书店的成名，森冈督行的审美水准被更多人认可，相比一家书店店主，他更像一个文化名人。除了大量的策展、讲座邀约，你甚至能看到他为 COACH 的新款男士背包做广告，还有读过他的书的服装品牌老板找上门来，合作设计一款白色 T 恤，也曾受无印良品邀请，去上海为新开业的店铺选书。越来越忙的森冈督行依旧尽量保证每周能有两天在店里。两名助手会辅佐看店或处理一些基础事务，书的选择和展出方式依旧由森冈督行一人操持。2018 年年初，森冈书店的每周展出计划都已经排到了年末。

01

02

01-02 | Photo | 唐雅怡

森冈书店
地址：东京都中央区银座1-28-15
营业时间：13:00-20:00
休息日：每周日
电话：+81 335355020

Q：在书的选择上，除了个人喜好，还有什么具体标准？

森冈督行：小说、绘本、摄影集……我们展出的书范围很广泛，没有什么量化的标准，主要还是凭感觉，也不会特意考虑市场喜好什么的。我喜欢那些能让我有惊讶的感觉，或者说是展示了一个未知的世界的书。现在很多创作者认可我们的出售方式，主动联系我们，希望借用这个平台。相对于选择书，我们越来越多地成为被选择的那一方，现在差不多两种情况各占一半。

01

02

03

04

05

06

07

● **Reader Side**

01 @55asutan 佐藤可士和与古川俊太郎共同创作的绘本《えじえじえじじえ》

02 @koitaba 收集记录了山形地区艺术作品的《盆地文库》

03 @takenori_miyamoto 收集记录了山形地区艺术作品的《盆地文库》

04 @hisashinarita 成田久绘画作品集和原画展

05 @hankyudept 展出摄影家岸圭子拍摄的佐藤初女女士摄影集,佐藤初女是来自日本青森县的慈善家、教育家,展会期间一并出售 mukai 苹果店的青森产苹果

06 @anto_ min 服装设计师帽子千秋的缝纫图纸集和其品牌 SA-RAH 的部分新款服装

07 @ateliertokiiro 多肉植物图鉴

东京 东塔堂 书店
地址：东京都涩谷区茑谷町5-7
营业时间：12:00-20:00
休息日：每周日
电话：+81 3 3770 7387

东京 COW BOOKS 书店
地址：东京都目黑区青叶台1-14-11
营业时间：12:00-20:00
休息日：每周一
电话：+81 354591747

Q：开店初期，你做过推广营销吗？你是否担心热潮过后，一切又归于平淡？

森冈督行：开店之初，我们没有刻意做过任何推广或宣传，所以那么多海外读者和媒体蜂拥而来的时候，我感到很惊讶，我猜外国人可能着迷于"一册一室"这种比较日式美学的销售方式吧。我不太担心热潮会过去什么的，我觉得我才刚刚站在起点上，之前还想着是否能再开一家只卖一幅画的店，目前我也在尝试很多新的事。

Q：你觉得森冈书店给你带来了什么附加价值？它是你未来要做的主要事业吗？

森冈督行：我很难想象 5 年后我在做什么，但这家店一定会运营下去。因为这家书店，我也得到很多其他的工作机会。去年为爱马仕东京银座店设计了手工职人主题的橱窗，上个月还去了印度考察，因为我正参与策划东京 21_21 设计美术馆的一场印度土布（Khadi）展，我直接去土布制造工厂，看当地人如何手工捻线。还有各式各样的讲座，上周去松山市参加了一个盆地主题的对谈，聊了聊盆地地区保留当地手工技艺的一些天然地理优势之类的内容。最近还有朋友介绍我做一些导游的工作，带一些希望深度游的欧洲游客游览东京，我会带他们去一些历史悠久的传统零食店、爵

士乐品位很好的咖啡馆等这些游客不大知道的地方。这些新的工作都让我乐在其中。

Q：你觉得人们对书店的功能与需求发生了什么变化？书店该如何适应这些变化？

森冈督行：我前阵子在韩国参加了一个探讨当代书店主题的论坛，也谈到了相关的看法。如果把我们的城市比喻成一个原始社会，那些在大楼里朝九晚五的上班族可能就是已经进入农耕时期的"弥生系人"，有稳定的收入。而包括我自己在内的一些创业者或者创意人，可能就是狩猎时期的"绳文系人"，我们需要不断地寻找猎物才能活下来。近年来，我觉得越来越多的人想要尝试绳文系的工作方式，他们往往出没在书店和咖啡馆这样的场所。我希望我的书店能为绳文系人们提供一个交流的场所，获取新灵感的空间，在这个空间里不仅贩卖书，还能通过交流，得到书里没有的信息。当然书店也有很多种，我以前任职的一诚堂书店就像一个图书馆一样，这样的书店也会有很大的需求，会继续存在下去。

Q：有人做书店是为兴趣，有人是为生意，有人是为梦想。你觉得你是为了什么？

森冈督行：我把兴趣和生意结合了。我因为喜欢书，毕业后就到一诚堂工作，一下待了 8 年。那是个非常安静的地方，我的工作有点类似于图书馆管理员的工作，不需要多说话。后来独立以后，我为了能让书店顺利运营下去，就不得去跟各种人打交道。

Q：在东京有比较喜欢或常去的书店吗？

森冈督行：茑屋书店、丸善这样的大书店我常去。独立书店的话我喜欢东塔堂还有 COW BOOKS。倒不是真的去买书，可能就是去聊聊天什么的，总觉得去转转的话，能有些不错的发现。¶

很多书店都在学习内装、设计、体验，

甚至为它冠以「新零售」的标签，

但你还记得吗，放下相机，

那份在书店里获得的最初感动。

是的，我们要谈谈「选书力」。

Q5

最容易被忽视的书店价值

幅允孝：
如何让"选书力"成为价值？

by／季扬　photo／林秉凡

虽然书店们遇到了大问题，但是书这一概念本身，却作为零售与服务的一部分，进入我们生活的各个空间。

东京银座的新型百货店 GINZA SIX 中 JOE'S CAFE 里的书架，内衣制造商华歌尔在京都设立的综合空间 Wacoal Study Hall 里的"共享工作空间与图书馆"，福井银行为当地女性创设的图书共享空间"Woman's Inspiration Library"，国学院大学涩谷校区图书馆外的开放式书架，东京生活方式综合店铺 La kagu 二楼的图书角，丰田汽车博物馆里的书籍选取，东京日本国立新美术馆里的博物馆商店"SOUVENIR TROM TOKYO"，东急 Hands 银座店的生活场景书店"Hands books"……这些看起来并不属于常规书店，却又带有书店或图书馆特征的新型空间，都由 BACH 负责选书工作。

BACH 创始人幅允孝的第一份工作是在青山图书中心（Aoyama Book Center）东京六本木店当店员，这家书店在东京文化圈拥有举足轻重的地位，读者们信任它鉴定书的本事，书店也常常举办各类活动，邀请作者与读者们互动。当时，幅允孝负责特定的区域，自己选书、摆书。一次，他只是把美国建筑师 Lebbeus Woods 一本关于概念建筑，视觉效果很好的书挪到了平面设计的书架，它很快就被人发现并买走。这也是幅允孝第一次意识到书籍与环境的关系，同一本书在不同环境里，可能会起到不同的效果。

他的第二份工作是在"株式会社 JI"，这是由曾任《POPEYE》主编的石川次郎创办的企划公司。当时公司正在为 TSUTAYA 六本木店的店面设计做筹划，石川次郎把里面近两万册的选书工作交给了年仅 26 岁的幅允孝。TSUTAYA 六本木店"书店加咖啡"的模式得到了读者的认可，也获得了商业上的成功。由此，越来越多的人找到 JI 咨询选书。幅允孝慢慢发觉，选书能够成为一个现代意义上的职业，于是他创建了以选书为核心概念的咨询企划公司 BACH，既为更多公司与组织们提供选书服务，也围绕书，涉足编辑、展览与广告业务。

幅允孝

1976 年出生于日本爱知县。日本著名选书咨询师、编辑、撰稿人。庆应义塾大学法学部毕业。曾在青山图书中心（Aoyama Book Center）东京六本木店、株式会社 JI 供职。2005 年创立了日本第一家以选书为核心价值的公司——BACH。著有《幅书店的 88 本书：即将成为你的血肉》《虽然书并不一定要读，但……》等。

📍 东京

在位于东京的工作室里，幅允孝也有自己的图书收藏。

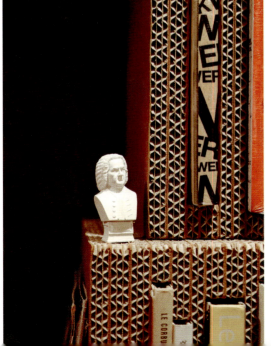

Q："选书咨询师"这个职业很少见，当时为什么想到要做这个？

幅允孝：我在青山图书中心做店员大概是2000年，正好是亚马逊刚进入日本市场的时候。网络购书给人们带来便利，也给书店带来了危机。这不只表现为营业额的下降，当时我切身感受到，来书店的客人越来越少，店里变得非常冷清。可我又觉得，人们发现书，对它好奇，拿在手上翻阅的瞬间，就是书籍有其意义之时。既然去图书馆和书店的人越来越少，那我为何不把书带到有人的地方呢？这既是我决定做选书师的原因，也是后来成立BACH的理念。

理想的书店，要让大家能遇到不知道的书。把书拿在手里，要能够为大家制造惊喜和提供与书相遇的机会。

Q：选书咨询师最大的意义是什么？

幅允孝：最大的意义还是在于唤起了大家的好奇心吧。拿日本来说，书的种类实在太多，比如 2017 年一年就出版了大概 7500 万册，平均每天有 20 多万本新书出版，这么多书人们不可能都读。在选书的时候，大家很容易把自己的检索范围控制在熟悉或有兴趣的题材之中，而选书咨询师的任务是，在大量书籍中选出好内容，并把它们带到合适的场所，把大家不知道或暂时不感兴趣的内容传播出去，激发大家的好奇心，让人们愿意拿起书来看一看。

Q：你们选书是一个团队来做，还是会体现个人口味？

幅允孝：两者都有。如果是小的图书角，会根据个人的口味和直觉来选，但大部分还是团队合作。一般我们会事先做好访谈和调查，确定大概需要什么主题，然后分头去找合适的书。

Q：你们怎么做选书前的访谈和调查？

幅允孝：比如 2017 年年底，我们为神户眼科中心医院的书架选书。那是一个专门为视觉障碍者服务的综合医院，主要接待全盲和弱视的病人。去访谈时，我们带着各种类型的书和音频信息让他们看，触摸和听。通过观察，我们发现，即便病人没有失明，只是弱视，还是很少有人能看文字信息。所以后来我们又把文字书换成照片来做试验，结果发现，比起黑白照片，彩色照片看得更清楚，而且对比色强烈的彩色照片效果更好。

这样看来，与作品多为黑白相片的摄影家森山大道的摄影集相比，摆放以彩色照片为主的篠山纪信的作品集会更合适。在篠山纪信的作品中，我们发现最受欢迎的是 20 世纪 80 年代偶像明星的照片，这是因为弱视的病人年龄大多数在 50 至 70 岁。如果你和一位 60 岁的弱视病人说，这是山口百惠的照片哦，他会很好奇地过来瞧一眼。所以我们意识到，对于弱视的病人来说，问题不在于他们能看到什么，更重要的是他们想看什么。基于这个原则，我们会尽可能选择他们想看的书籍，像是在阪神大地震前神户的城市照片，阪神老虎棒球队在 20 世纪 80 年代获得日本大赛冠军时的摄影集等。

针对全盲的病人，由于可以阅读盲文的年轻人越来越少，我们主要选择了音频读物，此时我们尽可能不单纯选择阅读型的作品，还会选一些有趣的香料印刷的读物。正是因为看不见，他们和正常人有着不一样的世界，我希望帮助他们从书中找到这种体验。

Q：你怎么找到合适的书？用什么标准选书呢？

幅允孝：选书的标准首先是：我自己读了一定要觉得有趣。在调查阶段，我也会问大家想要读什么样的书，然后在我想推荐的书中找到平衡点。我觉得，首先为一本书找到一位读者是很重要的。与现代社会其他可以共享的娱乐方式不同，读书是一件很个人的事情，想要找到大家都喜欢的一本书是不太可能的。即便有这样一本书，我也会感到危险，因为从某种意义上说，这可以看成是一种思想统治。书最大的价值在于它的多样性，同一本书，会带给不同的人不同的思考与感受。如果说有一本书，大家看了都觉得很感动，都流了眼泪，那我反而觉得是一件不太舒服的事情。所以选书的时候，我不会去想那本书是否被很多人喜欢，而是会把各种不同风格、不同内容的书编排在一起，让读者自己去选择。

Q：当年，你们是怎么为 TSUTAYA 六本木店选书的？

幅允孝： 当时，店里只放有一些漫画和 best seller 型的畅销书，而茑屋（TSUTATA）更希望展现给大家一种新的生活方式，现在这已经是茑屋品牌形象的骨骼。经过多次讨论和采访，我们决定将书架分为旅行、艺术、食物、设计四大部分——当然并不完全局限于这几个部分，重要的是把不同类型的书添加进来，我称之为"书架的编辑"。比如关于"印度旅行"主题，大部分书店和图书馆只会放一些旅行指南、地图和旅行随笔类的书，但在 TSUTAYA 六本木店里，我加入了法国摄影家亨利·卡蒂尔－布雷松（Henri Cartier-Bresson）在印度的摄影集——这一般只会被放在艺术类的书架，我还加入了意大利作家安东尼奥·塔布其（Antonio Tabucchi）的小说《印度夜想曲》，日本社会学者小熊英二的纪实类书籍《印度日记——牛和电脑的国家》，漫画家手塚治虫创作的以印度为舞台的漫画书《佛陀》等。

Q：你刚才提到了"书架的编辑"，当时你是怎么想到把各种不同类型的书编排在一个书架中的呢？

幅允孝： 有两个原因。一是因为我个人喜欢文学类的书，可当时没有安排文学书籍的书架，所以我需要想办法把相关联的小说编辑进去。二是因为现在大家很容易在网

书和食物、水不同，在没有需求的地方
摆上它是没有意义的。怎样在有需求的
地方做出最棒的书架展示，我觉得这点
最重要。

络上购买自己知道或听说过的书。

我认为理想的书店，要让大家能遇到不知道的书。把书拿在手里，要能够为大家制造惊喜和提供与书相遇的机会。要做到这一点，需要提供超越读者熟悉的日常的东西，创造落差。我称之为"积极的挫折"。假设在一个旅行主题的书架，大家看到了旅行指南、地图、旅行随笔，这时突然发现了一本漫画，第一反应可能是，这个书架上怎么会有这本书？这种因心理落差带来的好奇心会很让人兴奋，我觉得好的书架应该做到这一点。

Q：在选书时，你遇到最有挑战性的问题是什么？又是如何解决的？

幅允孝：最有挑战的问题还是给不喜欢读书的人选书。我曾给横滨高木女子高中的图书室选书，去做调查的时候，有的学生干脆直接跟我说自己从不读书，所以我尽可能找她们感兴趣的话题。比如我发现她们对动漫感兴趣，有同学一直跟我在谈"Fate"系列，我就尝试从这里找突破口，找到这个动漫衍生出的一些书，或者是摆上她们喜欢的与甜品有关的书等。总之，从她们有兴趣的领域找到相关联的书，这是我的解决方法。

Q：读者需求与客户需求，哪个在选书中更重要？

幅允孝：我们可以说完全是为了读者的需求在选书，客户对我们来说就好像是一起工作的同事。我们会在满足读者需求的基础上选择容易卖出去的书，因为毕竟是商业合作。

Q：除了为书店选书，你们还把书带到了美术馆、医院、家具店、机场等这些看上去和书没什么关系的地方。是它们提出了这些需求，还是你为它们做了书籍陈列的提案？

幅允孝：是对方提出的需求。书和食物、水不同，在没有需求的地方摆上它是没有意义的。怎样在有需求的地方做出最棒的书架展示，我觉得这点最重要。BACH 成立有 13 年了，我们没有营销部门，迄今为止也没有做过任何营销工作。现在在公司一共就 5 个人，我也没有计划再扩大。减少工作量、提高每个项目的精度和质量是我们的目标。

Q：石川次郎先生说过一句话，"要把一件事情或一本书传达给对方时，要表现得更亲切、更容易理解。以尖锐、高高在上的知识分子的态度，是无法让更多人理解书的魅力的"。你曾说这句话给你带来了很深的影响，为什么？你觉得怎样做才能"更亲切、更容易理解"地把书传达给对方呢？

幅允孝：在青山图书中心工作的时候，我还是个有点"一根筋"的宅男，对事物有着深入探求的好奇心。石川先生的话让我理解到，我的工作就是把书带到更多的地方，创造更多人与书相遇的机会。虽然现在我们也会遇到像给视觉障碍者选书这样专业性很强的项目，但是医院是一个公共设施，不仅是患者，让正常人也一样喜欢那里的书是我们选书的基础。为了"更亲切、更容易理解"地把书传达出去，我会想办法让

> 对书店来说，并不存在什么规模效应。因为我们并不是要告诉客人店里有很多书，而是要让他们对其中一本产生兴趣。

PART1 幅允孝：如何让"选书力"成为价值？

人知道我以怎样的意图选了这本书，有时会在书的旁边加一张小卡片，写上书名和一些短小的说明。我们也会注意卡片上的字体选择、字体大小等细节，为医院选书时，我们会选择大一些的字体。

Q：你去过中国的书店吗？你觉得中国的书店和日本的书店有什么不同？有什么可以改进的地方吗？

幅允孝：我今年刚好去了上海的钟书阁书店，规模很大，书的种类也很多。但是我发现在中国的书店，书架上会同时放好几本同样的书。如果是在日本，想要让大家注意到一位作家的一本书，书架上可能会放一些他的其他作品。但在中国的书店，似乎规模是否够大是件很重要的事。我觉得，其实对书店来说，并不存在什么规模效应。因为我们并不是要告诉客人店里有很多书，而是要让他们对其中一本产生兴趣。所以在中国的书店，怎样花功夫把一本书更好地传达出去，我觉得还有改善的余地吧。

Q：你以后还打算做哪些跟书有关的好玩的事？

幅允孝：有很多啊。比如，2018 年夏天，由建筑家坂茂在日本山形县鹤冈的一处水稻田中修建的 SHONAI HOTEL SUIDEN TERRASSE 酒店就要开张了，今天我们就在商量为那里的图书角选书。还有外交部的 Japan House（日本文化宣传）项目，6 月会在伦敦开展，我们现在也在准备那里的书籍。新宿百货店"高岛屋"的包包柜台打算设立一个小书架，也是由我们负责。刚被拆掉的京都立诚小学成立了立诚图书馆，我们也在帮那里选书。2020 年，那里计划被改建成酒店和文化综合设施，我们也会为那里的图书角准备书籍。¶

幅允孝的读书习惯

Q：你平均每个月大概读多少本书？每天大概花多少时间读书？
幅允孝：没有计算过大概读多少本，但我每天至少花 3 小时读书。

Q：你是怎么读书的？
幅允孝：并读法。我会同时读好几本书，根据每天的心情决定读哪本。就好比是今天突然很想吃肉，又或是明天胃有点不舒服想吃清淡的食物。总之，找到自己没有负担的读书方法是最好的。

Q：去书店时，你怎么买书？
幅允孝：包里不放太多的东西，六分饱，去完洗手间，就可以去买书了。其实就是一种"狩猎"的心态。最近尤其在日本，大家都不愿意失败或犯错，不管是去餐厅吃饭，还是去书店买书，很多人会在网上事先查好排名和评价。我不太会去关注书的排行榜，只是凭直觉去找自己觉得有趣的书。书不是具有速效性的东西，就好像播种一样，将来有一天也许会开花结果，所以买书也没有成功和失败可言。如果犹豫一本书要不要买，一般我都会先买下来。

哪里有什么"最好书店"，
你爱上的是书店给你的答案

by/潘尼克　**photo**/潘尼克

在外面旅行久了之后，渐渐地便不再执着于当地的著名景点。但每次走在路上偶遇一家书店的时候，我几乎不放过任何一次推门进去的机会。

世界上公认的好书店有很多，在每座颇具规模的城市里，几乎都拥有至少一家足以成为其城市名片的好书店。比如旧金山的城市之光书店、纽约的斯特兰德书店、巴黎的莎士比亚书店（右图）、东京的茑屋书店……国内的城市也不乏人们津津乐道的好书店，比如广州的方所书店、南京的先锋书店、上海曾经的季风书园……在我如今所居住的北京，虽然近年来不断有书店因为各种原因关门，但也仍然还有蓝旗营的万圣书园、三里屯的 PageOne、大望路的 Rendez-Vous 和花家地的单向街。

但是我们只要稍加细究就能发现，那些大家公认的好书店，它们彼此之间的相似之处其实有限。网上那些全世界最好的书店榜单，看上去更像是汇总了不同口味的人根据不同的标准和经验所给出的答案。

从我个人的经验来说，我很怀疑对于什么样才算是好书店这个问题，是否真的有一个统一的标准。比方说，在北京我去得最多的书店是三里屯的 PageOne，但在那里总共买的书，还不如在海淀的豆瓣书店一次买得多；大望路的 Rendez-Vous 可能是全北京设计得最好的书店，可是我很长时间都去不了一次，原因是远。再说设计就能成为判断书店好坏的关键因素吗？曾任代官山茑屋书店的建筑师之一阿斯克里德·克莱恩（Astrid Klein）曾经说过："如果说茑屋书店是一个成功的项目，

潘尼克
入门级新现实主义旅行者
◉ 北京

设计可能只占 50%。"

就跟阅读一样，逛书店，本质上来说也是
一种极为私人的体验。

我想，自己无论身在何方，仍然兴致勃勃
地一次次走进相同或不同的书店，最重要
的原因还是书本身的诱惑。书的魅力之大，
很容易就让人丧失判断书店好坏的能力。
而一旦遇到一家选书颇对自己胃口的书店，
就像是遇到相逢恨晚的知音一般。在此基
础上，如果环境安静友好，店员也不会因
为顾客长时间流连却不产生购买行为而不
满，那么对我而言，这家书店就足以称得
上好了。

在不同国家不同城市，甚至同一个城市不
同的书店，常常呈现着各自不同的面貌，这
也是令人欣喜的事情。

单单在巴黎，就有着许多不同主题的书店，
比如第一区有一家只卖跟旅行相关书籍的
书店，在玛莱区则有一家以 LGBT 为主题
的书店，同时各大博物馆和艺术馆几乎都
有配套的书店，即便有不少都以当代艺术
为主，但各自挑选的书籍也大有差别。

与此同时，不同书店之间可能又存在着微
妙的联系。最典型的莫过于巴黎的莎士比
亚书店和旧金山的城市之光书店。后者的
创始人之一劳伦斯·费林盖蒂（Lawrence
Ferlinghetti）曾经是前者的常客。两家书
店无论装潢还是选书都颇为相似，又深刻
地影响了各自年代的年轻人还是知识分子，
如同两座相隔万里遥遥相望的精神灯塔。

在东南亚到南亚的背包客热门线路上，沿
途有着无数主要服务于旅行者的书店，都

是我在旅行途中常常流连的地方。你可以在那里看到世界各地的旅行者留下的二手书籍，既有通俗畅销的小说，也有各种"严肃"的著作。面对旅行者们送来的书，老板们的态度是来者不拒，以低廉到令人咋舌的价格收下，然后凭心情定价售出，通常也让买家大感实惠。于是在这些书店里看到各种语言的书籍都不奇怪，而当我偶然遇见自己喜欢的作家的原文著作时，即便看不懂，也不禁心生喜悦。这些书店就像当地一个小小的文化交流窗口，借助这些来自世界各地的书籍，素未谋面的旅行者们彼此之间竟然有了微弱的精神联结。

在印度和巴基斯坦，我还逛过一些主要面向当地人的普通书店。在南亚次大陆上，开书店主要还是一门正常甚至家传的营生，不需要太多的理想和情怀作支撑。这里大部分的书店都外表平平，除了一些年代久远的门面，书架和书本都散发着时光的味道。在选书上，它们也很难说得上有什么独到之处，顶多会根据所在区域的人群稍作调整，总体上差别不大，大概都是国内新华书店的样子。如果说有什么特别的地方，就是它们大多将新书、二手书和盗版书一起卖，并不以为忤。也许，它们打动我的地方就在于这种质朴和直接。当然，这并不意味着在里面看不到好书。如果你运气好，说不定能发现当年殖民者留下来的堪称古典的旧书，其实数量并不少。

很多文化氛围浓厚的城市还有遍布书店的街道或区域，比如加尔各答的大学街、东京的神保町、巴黎的索邦大学周边等。走在路上，放眼看去全是书店甚至全是书的感觉可谓美妙，但未必经得起细看。加尔各答的大学街上的书档密密麻麻，每个书档也都堆满了书籍，却清一色都是专供附

近学生使用的盗版教材。我慕名前往，却败兴而归，最终还是回到了背包客聚集的公园街，回到那里的各色旧书店和地摊。

另外，在国外逛书店，有时候会遇到和旅行一样的问题，就是语言。由于印度和巴基斯坦的官方语言之一就是英语，所以当地的书店几乎都有大量的英文书籍。但是在其他一些国家，语言可能就会成为你游览当地书店的一道障碍。东京神保町和巴黎索邦大学周边便属此类。

神保町也是一个神奇的地方。一条不算太长太宽的街道上居然开满了各色各样的书店，内容和主题从动漫、艺术、文学、古籍、成人、外文等不一而足。这里的信息量密集到差点让我望而却步。看着这里许多古籍店几乎不留容身的狭窄空间，我恨不得瞬间移动到只卖一本书的森冈书店去。

但是另一方面，在不同国家的区域性国际化都市里，存在着为数不少的外文书店，主要服务于居住在当地的外国人和有海外生活背景的知识分子。从书店的装潢到书籍的种类，你都很难说出这类书店之间的区别。在埃及的时候，有一个当地的知识分子就跟我开玩笑说，这些书店其实都是巴诺书店的分店。在这样的书店里，地域身份难觅踪迹，对受困于文化差异的外国人来说，不失为上佳的避难所。

总而言之，在我眼里，许多书店原本就已经足够好了。但是由于生存危机，它们不得不停业或者不断自我改变，我想我自己对此也负有责任。于是在一些书店里面，书似乎反而成了别的东西的附属品，就像现在新开的很多书店，也越来越像大商场的附属品了。

01

WHSmith

whsmith.fr

地址：248 Rue de Rivoli,
75001 Paris, France
营业时间：9:30–19:30
电话：+33 1 44 77 88 99

英国连锁书店 WHSmith 在巴黎的分店位于第一区的 Rivoli 大街上，与杜乐丽花园相对。它也是巴黎最著名的英文书店之一。 书店分上下两层，一层主要是文学、艺术、文化、政治、历史等各类读物，二层拥有儿童读物、文具和一家咖啡馆。 因为许多游客慕名前来，在书店进门左手边，有专门摆放与法国旅游相关读物的角落。此外，还有一个区域用来陈列各国知识分子观察和评价巴黎的书籍。 对我个人而言，最令人惊喜的是它杂志品类很全，从《时代》《经济学人》到小众到完全没听说过的各种文化艺术独立杂志，应有尽有。

02

Librairie Voyageurs du monde

www.voyageursdumonde.fr/voyage-
sur-mesure/divers/librairie

地址：48 Rue Sainte-Anne,
75002 Paris, France
营业时间：9:30-19:00
电话：+33 1 42 86 17 38

顾名思义，Librairie Voyageurs du monde 是一家以旅行为主题的书店，位于 Sainte-Anne 大街上。它的拥有者是正对门的高端旅行社 Voyageurs du monde，这恐怕也是这家书店能够在昂贵的巴黎第一区占据两个门面的重要原因。同时它们还发行自己的杂志《Vacance》，免费发放给自己的客户。这家书店只卖跟旅行相关的书籍，于是书架也都以各大洲来分类。同时，在相邻的门面的一楼，他们还出售来自世界各地的各种工艺品。二楼除了书籍之外，还摆放着可供购买的地图和地球仪。

Shakespeare and Company

shakespeareandcompany.com

地址：37 Rue de la Bûcherie,
75005 Paris, France
营业时间：10:00-22:00
电话：+33 1 43 25 40 93

如今，莎士比亚书店多少已经成为全球文艺青年到巴黎后必去的观光景点之一，但是也有巴黎的年轻知识分子明确地向我表达过对这里的不屑。而在我看来，虽然书店确实时常会让人觉得略为拥挤，但仍然不失为一个畅游书海的好去处，尤其是如果你的趣味正好跟20世纪六七十年代的年轻人相似的话。二楼除了书之外还摆着一架钢琴，常常会有人在那里自得其乐地演奏，让原本拥挤的书店，一下子变得宁静起来。

04

Les Mots à la Bouche

motsbouche.com

地址：6 Rue Sainte-Croix de la
Bretonnerie, 75004 Paris, France
营业时间：11:00–23:00
电话：+33 1 42 78 88 30

Les Mots à la Bouche 位于时尚的玛莱区，蓝色的门面让人眼前一亮。虽然装潢和选书跟普通书店差不多，但如果就此离去，很容易就错过它角落处的楼梯。这家书店真正的玄机都藏在它所通往的地下室，走下去之后，灯光突然变得昏暗，装潢也更像一个私藏珍品的地窖。然后你就会发现，下面全是与 LGBT 相关的出版物、书籍、海报、画册、影视光盘等。怪不得之前会在门口的橱窗里看到已故中国摄影师任航的影集。

05

Librairie Galignani

---

www.galignani.com

地址：224 Rue de Rivoli,
75001 Paris, France
营业时间：10：00-19:00
电话：+33 1 42 60 76 07

从 WHSmith 沿着 Rivoli 大街往东大概
200 米，就能到达这条街上另一家有名的
书店 Librairie Galignani（本页图）。这家
书店建于 1801 年，是巴黎第一家英文书
店。这里的装潢也显得更为古朴，高高的
书架和旁边配套使用的爬梯都给整间书店
增添了年代感。就连选书，都显得比附近
的 WHSmith 要严肃一些。

06

Gekko 书店

---

www.gekkobooks.com

地址：2/6 Chang Moi Kao Road
Muang Chiang Mai 50300, Thailand
营业时间：10:00-19:00
电话：+66 91 745 6971

泰国清迈的老城虽小，但得益于来来往往
的海外游客，也足以容纳不少书店，尤其
是以交换为主的旅行者二手书店。Gekko
是其中最负盛名的一家，位于清迈老城的
地标塔佩门附近。与一般的旅行者二手书
店不同，Gekko 装潢得更加精致，也同时
经营大量各类新书，而且明显经过店方的
精心挑选，颇具知识分子趣味。

07

SHAH M BOOK

---

shahmbookco.com

地址：12, Charahi Sadarat, Kabul, Afghanistan
营业时间：8:00-18:00
电话：+93 (0) 700 276909

这家书店成立于 1974 年，是阿富汗目前最
大的书商和出版商。书店位于喀布尔市中
心的门面非常破落，出售的张贴画和明信
片不是印刷质量简陋，就是已经褪色。但
它的藏书并不让人失望，除了大量与阿富
汗宗教历史文化相关的书籍画册之外，也
有不少描绘和分析当代阿富汗问题和局势
的著作。在历经磨难百废待兴的阿富汗，
它无疑是一座难得又重要的精神灯塔。

08

阿波罗书店

无官网

地址:150 FISHERMAN COLONY.,
OTHAVADAI STREET.,
Mahabalipuram, Tamil Nadu 603104, India
营业时间:9:30-21:30
电话:+91 98403 64422

这家书店位于印度泰米尔纳都邦的海边小城 Mahabalipuram,也算是家旅行者二手书店,同时也经营一些泰米尔语书籍和文具,服务当地老百姓。它店面很小,选书也毫无特别之处。跟书店本身相比,更吸引我的是老板自己的故事。他自称名字就叫 Apollo,其实是一名印度教徒。但他太太却是穆斯林,不出意外,这桩婚姻大大冒犯了他们各自的传统。而他们自己也像宝莱坞电影的经典桥段一般,经历了双方父母激烈反对,合伙拆散,相约私奔,经过艰苦奋斗之后,最终得到家庭接纳。当时我说,你们一起经历过这么多,现在一定很幸福恩爱吧。他苦笑一下说:"婚姻嘛,你懂的。两个人在一起久了,也就那样吧。"

09

牛津书店

www.oxfordbookstore.com/oxford-bookstore-kolkata

地址:17 Park St, Taltala, Kolkata,
West Bengal 700016, India
营业时间:11:00-21:00
电话:+91 33 2229 7662

牛津书店于 1920 年在加尔各答诞生,是印度最大也最著名的连锁书店,如今已经在全印度 30 座城市开设了分店。虽然名叫"牛津",但它其实是一家土生土长的印度企业,跟英国的牛津大学也没有丝毫关系。在书店成立之初,牛津大学出版社还真的因此给这家书店找过法律上的麻烦。位于加尔各答市中心公园街的总店从诞生之后不久至今,一直都是这座城市重要的文化地标。它的选书比印度其他一般的书店要更加讲究,种类和数量也更齐全,装潢在印度来说也属上乘。书店的二楼是一个现代化的咖啡厅和一片开放区域,是印度本土或海外的作家和知识分子在这座城市举办分享活动的首选之地。

10

Diwan

www.diwanegypt.com

地址:159, 26th July St,, Zamalek, Cairo,
Cairo Governorate 11568, Egypt
营业时间:9:00-23:30
电话:+20 2 27362582

Diwan 书店成立于 2002 年,是整个埃及最有格调的书店之一。目前,它的 5 家分店全都位于开罗,其中旗舰店坐落在尼罗河中央的 Zamalek 岛上。Zamalek 岛是开罗上层人士聚居的区域,开在这里的书店,自然不会逊色于周边街区。除了雅致的环境,种类丰富的英语书籍也让这里成为当地知识分子经常流连的场所。¶

运营独立书店是理想，更是生意。

Q6

独立书店如何维持自己的文化标签？

城市之光:
一个无法复制的样本,
一位城市精神的见证者

by/李蓉慧 photo/Kathy Yue

如果以周五傍晚作为参考坐标，观察美国旧金山的文化和生活，百老汇街和哥伦布大道的交叉点是个不错的选择，向东有酒吧、脱衣舞店和叫作"Naked Lunch"的三明治餐厅，年轻人来这里庆祝周末作的开始；向北的意大利人聚集区，体现着城市的老派作风，这里曾是马克·吐温和海明威落脚的街区；向西是中国城大大小小粤语、普通话混杂的中国餐厅，淘金热让这里成为北美最大的中国城，一家新开的中国餐厅正在努力改变中国餐厅的形象；向南蜿蜒到金融区，科技公司和金融公司在那里的地皮之争还要纠缠下去。

有一个凝聚点，能让这些看上去各有特色的街区与生活者们产生共同话题。"Naked Lunch"，在手机上搜索或者和店员聊一聊，他们会告诉你这是一本书的名字。意大利区和中国城交汇处是一家港式餐厅，它的门口，更准确地说是空中，挂着打开的书本，地上刻着"Freedom""Poetry"——这太不搭调了是吗？别急。这些书其实是灯，傍晚灯光亮起，穿过马路你就能找到它们的所属之处，也就是这个十字路口的中心——城市之光书店。

它就像一道门。想了解旧金山吗？请进。

即便是周五的晚上，这家书店的客人依然络绎不绝。

游客们慕名而来，想看看据说是这个城市精神象征的书店，反正它会开到半夜；也有些居民吃过晚饭，来这里约会看书，或者买书之余和店员闲聊。谁都不会好意思在这里大声说话，如果上下楼梯发生了吱吱呀呀的声音，人们会有些窘迫，就好像在图书馆里吃东西发出了声音。

保罗·山崎（Paul Yamazaki），城市之光的购书负责人，一个日裔美国人，他一生只有一个雇主，就是城市之光。他说，如果听到别人困惑于城市之光究竟是一家书店还是一个图书馆，劳伦斯会很开心。

劳伦斯指的是劳伦斯·费林盖蒂，城市之光的创办者之

在城市之光成为城市精神象征之前，它首先颠覆了精装书的概念。

一，如今已经 99 岁高龄，很少再出现在书店里。年轻的店员虽然在书店里工作，却很少见到劳伦斯，不过店里还是处处都有他的痕迹，一层和二层阁楼之间的墙上贴着"Via Ferlinghetti"的路牌，二层诗集屋的小桌子上摆着劳伦斯自己的诗集（是的，他是个诗人，也是个画家）。诗集的封面是他的照片。其他地方，还有劳伦斯和诗人艾伦·金斯堡（Allen Ginsberg）的合影——这件事我们待会说，书架上有他们的书信集。

"劳伦斯·费林盖蒂的理念是给人们提供一个读书的地方，如果他们可以顺便买点书，那当然就更好了。"保罗·山崎说，他自己在 1967 年"爱之夏"（summer of love）运动那一年来到了旧金山，当时他并不知道自己会和"爱之夏"、城市之光有什么渊源。他来到旧金山，因为参加学生组织的反越游行被捕入狱，出狱后经朋友介绍认识了劳伦斯，那已经是 1970 年了，之后他开始在城市之光做兼职，一直到现在。

作为城市之光书店如今的代表，保罗·山崎仍然十分骄傲地对外讲述他虽然没有经历，但已成为他生活一部分的城市之光的创办故事。他也和劳伦斯保持着一起吃午饭，一起喝咖啡的习惯。

除了劳伦斯，城市之光的另一位创办人名叫彼得·马丁（Peter Martin）。彼得本来住在纽约，20 世纪 40 年代来到旧金山教书。他创办了美国第一本流行文化杂志，用卓别林的电影《城市之光》为其命名。因为需要解决杂志运营问题，彼得打算开一个书店。在当时精装硬皮封面为主流的时代，他想做一点特别的事情。他租下哥伦布大道 261 号的一个位置，每天置身于一堆还没有答案的商业计划里。

有一天傍晚，年轻的法语老师、诗人、画家劳伦斯从画室下班回家，路过了哥伦布大道 261 号，他走进去向彼得做了个自我介绍，于是他们成了朋友，彼得还在自己的《城市之光》杂志上发表了劳伦斯的诗。

两个年轻人商量出了一个计划。彼得正想做点不一样的事情，认为相比精装硬皮书（Hardcover Book），平装廉价书（Paperback Book）和口袋书（Pocket Book）是个不错的机会。劳伦斯则从艺术家的角度出发，认为出名的书店正在努力迎合中产阶级和上流阶层的需要，而年轻的诗人和艺术家在那里并不受欢迎，他想支持年轻新生艺术家。于是两个人准备开一家书店，各自投资 500 美元，并且做了个大胆的决定：做一个只售卖平装廉价书的书店。

根据公开的资料和保罗·山崎的回忆，彼得和劳伦斯做这个决定是在 1953 年，当时的美国没有只售卖平装廉价书的书店。虽然距离美国人伊恩·巴兰坦（Ian Ballantine）被英国企鹅集团创始人艾伦·莱恩（Allen Lane）重用，并在美国开分公司的 1939 年已过去了十多年，但伊恩·巴兰坦的商业天赋还压抑在企鹅集团

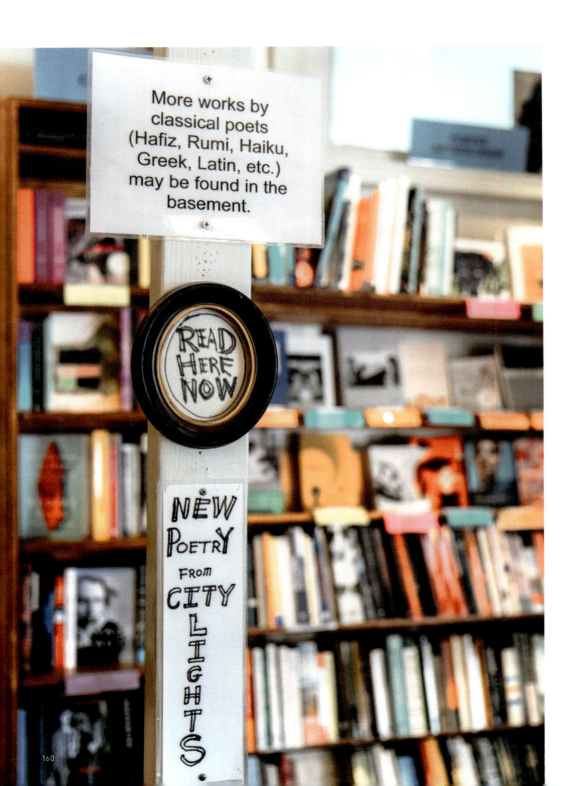

人们常常把它看作旧金山自由精神的代表，但这份资质，最初也建立在它用平装书颠覆精装书市场的基础上。这份商业上的创新，支撑它同时能在文化上拥有立足之地，在这一点上，它与如今的硅谷文化一样。

里，并没有完全施展，廉价平装纸封面的书在当时还不被认为是真正的书，距离口袋书和平装书横扫美国书店的 20 世纪 60 年代还有一小段时间。

值得一提的是，原本艾伦·莱恩把伊恩·巴兰坦派回美国开分公司，只是希望他能帮自己扩张商业版图，没有预想到这个美国人会在日后颠覆企鹅集团出版精装本为主的商业模式。

二战中，英国总部渐渐失去了对美国分公司的控制。20 世纪 30 年代出现的口袋书已经改变了伊恩·巴兰坦对出版的认知，从一开始小规模地出版平装廉价书，到 1944 年平装廉价书卖出第一亿本，伊恩·巴兰坦更加坚定地认为，更大的消费群体需要的是轻便便宜的纸质书，而不是精装本。与担心被破坏商业模式的企鹅集团僵持不下，伊恩·巴兰坦自立门户创办出版公司 Ballantine Books，也成了劳伦斯的好朋友。

与此同时，还有一位叫作杰森·艾普斯坦（Jason Epstein）的出版人意识到了平装廉价书的价值，他创造性地提出了"升级版平装廉价书（Upscale Paperback）"这个概念，在过去平装廉价书的基础上提高印刷的技艺，让书更大、更结实，设计更精良，为书这个印刷品赋予了更多交易价值。

于是，一场平装廉价书籍运动开始了。从不被认可，到销量超过精装本，二三十年时间里，这场平装廉价书籍运动彻底改变了出版业和书店的生意。

城市之光的两位创始人嗅到了这股气息。"当时还是很大的挑战"，保罗·山崎说。

他们得平衡支持新生艺术家的理想与运营书店的关系——理想与经营，是日后所有书店都会面对的问题。他们先以周围的居民为主要客源：北边的意大利区和西边的中国城，居民以蓝领工人为主。

可惜书店开了两年，《城市之光》杂志办了五期，彼得决定暂停杂志并搬回纽约，他把自己的股份卖给了劳伦斯。其实他回到纽约也开了一家书店，但这都是后话了。

劳伦斯坚持了下来。在这之前他去法国读书，认为自己也多少了解了书店和出版，在彼得离开后独自经营书店生意，并且在1955年着手建立城市之光的出版业务，用口袋书的形式出版自己的第一本诗集《Picture of The Gone World》，印刷了500本。他还请来了日裔美国人村尾重芳（Shigeyoshi Murao）来负责书店的经营。在书店，人们叫他Shig。他被劳伦斯聘请后免费为城市之光工作了一段时间，后来成为店内的实际管理者，1975年因中风暂停工作，康复后因为与劳伦斯在书店经营方面意见不合，最终离开。

村尾重芳余生没有再踏进城市之光，也拒绝与劳伦斯和解，但他的照片还是挂在城市之光书店诗集屋里靠窗的墙上，与劳伦

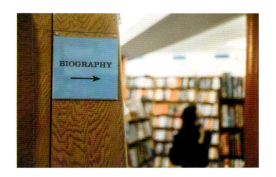

斯的诗集相邻，在他的照片下面是诗集屋里一把知名的椅子。城市之光鼓励客人们坐在这里读书。城市之光形容村尾是"为这家书店定下基调的人"。村尾后来也做过出版物，于 1999 年在加州库比蒂诺（Cupertino）市的一个康复中心去世。

最初，城市之光书店只有现在书店一层的一部分，钻研书店经营和出版的劳伦斯恐怕也没想到，很快城市之光历史上最知名的事件会发生，这件事在接下来的岁月里永远与这个书店联系在一起。

当时旧金山有一个地方叫做 Six Gallery，年轻的诗人和艺术家在那里聚集，诵诗和交流。劳伦斯也是其中一员。他在 Six Gallery 听到一个叫作艾伦·金斯堡的年轻诗人读诗，第二天他就给对方发了电报，说自己想出版这部诗集。他的邀请是这么写的："I Greet You at the Beginning of a Great Career"——这句话不妨翻译为："我在一项伟大的事业开端迎接你"。

虽然没有亲身经历这一切，但保罗·山崎说，当时劳伦斯听完艾伦·金斯堡读的诗，预感到一个巨大的变化将会到来，因为他觉得这首诗说出了许多年轻人的心声。1956年，城市之光书店的同名出版社出版了这部诗集——《嚎叫》（Howl），这是"垮掉的一代（Beat Generation）"的代表作。艾伦·金斯堡和当时在 Six Gallery 里读诗的那些诗人，是"垮掉的一代"的代表人物。

劳伦斯那时预感到的那场"即将到来的变化"，大致可以描述为一群年轻人通过诗集和其他运动表达自己对主流文化的不满。站在今天的角度看，这些年轻人开创了美国文化历史上的第一支"亚文化"，但当时

I Greet You at the Beginning of a Great Career.
—— Lawrence Ferlinghetti, Founder of City Lights

"我在一项伟大的事业开端迎接你"，出自劳伦斯邀请后来被称为"垮掉的一代"代表诗人的艾伦·金斯堡的一封电报。

提出的支持同性恋、支持精神自由，提倡尊重本土文化和原住居民等主张，均是对美国主流中产阶级知识分子价值观的挑战。

"劳伦斯知道出版这本诗集会面对一些压力，"保罗·山崎说，"他还去找了北加州美国人权与自由联盟（ACLU）。" ACLU承诺，如果劳伦斯被起诉，他们将张罗为他提供辩护。

1957年，再版印刷的《嚎叫》在运回美国的途中被海关指控为"淫秽作品"并没收。第三次印刷虽然在美国国内，但村尾和劳伦斯也被警察冠以"出版、销售淫秽作品"的罪名，被捕入狱。

这件事情被当时的主流媒体《生活杂志》报道，城市之光得到了来自诗人艺术家、出版界和书店等自由派的支持，也在美国引起了关于出版自由的广泛讨论。《嚎叫》这本在年轻诗人中流传的出版物，迅速成为"畅销书"，也标志着"垮掉的一代"文学运动的开始。最终，劳伦斯的律师借用美国宪法第一修正案助其胜诉。也在这件事情的影响下，同类案件开始重新审定"淫秽作品"的判定标准，最终解除部分禁令。因此，城市之光成为推动美国出版和言论自由的一个重要角色。

"垮掉的一代"后来成为追求自由的嬉皮士运动的启蒙者。在保罗·山崎来到旧金山的1970年——嬉皮士聚集在旧金山的西南边Haight Ashbury和金门公园，"爱之夏"运动开始。直到现在，每一年的夏天，旧金山金门公园仍是一些纪念爱之夏运动的音乐会和相关活动的举办地。嬉皮士之后，最广为流传的就是硅谷的创业家精神：追求自由，反抗垄断，打破常规……这些核心

思想正在新一批旧金山年轻人身上体现着。

城市之光成为了解旧金山城市的精神入口。透过书店的窗户，你能看到马路对面就是"垮掉的一代"博物馆。面积不大，但保留了不少当年诗人们留下的手稿，甚至是开过的车。这里的店员会告诉游客，博物馆在筹建时有一个信念：必须开在城市之光书店旁边。

但保罗·山崎说，其实劳伦斯并不喜欢人们始终将书店与"垮掉的一代"联系起来。劳伦斯认为，当年的牢狱之灾与对出版自由的推动，只是城市之光这个书店提倡独立思考、追求自由和鼓励多元文化使命中的事件之一。

劳伦斯认为自己做了更多的事情。例如城市之光的出版业务。如今，城市之光每年会出版14至16本书，主要出版诗集，以及支持不受主流出版业青睐的作者，为这些诗人准备各个城市的巡回推广。这是他当年开这个书店的原因，也是城市之光的基因。

在书店里，个别墙面上有特意张贴的小众出版社的图文并茂的介绍，这是城市之光刻意为之，希望能让追求印刷质量的小众出版社受到消费者的关注。在书店外南侧的墙壁上有巨大的涂鸦，那是与非营利组织合作，由少数族裔艺术家完成的涂鸦作品。在城市之光的地下一层书架上，为了支持非洲裔美国人作者，书店特意为他们设立了一个书架，每周更新一次书籍。另外，城市之光的员工中，有四成是少数族裔。书店里还有一个在2016年美国大选后特别设立的书架，上面摆放着跟美国政治思考有关的书籍。"我们觉得作为独立书店，对大

选结果应该有自己的态度。"保罗·山崎说。

支撑这一切的其实是这个书店的盈利能力。保罗·山崎表示，最近五年是城市之光书店盈利最好的五年。在被问及每天销售多少本书时，店里的员工可以抬起头回答这些发问者——只要看看这里的人流量。

但谈到经营，这个书店自然不只是坐在自己的历史上数钱。

保罗·山崎回忆说，他最初到书店工作时，在"争取出版自由"光环笼罩下的城市之光书店并不担心盈利问题。但随着潮水退去，书店的经营问题渐渐凸显。特别是在村尾中风，不再插手书店日常经营后，新店长的购书标准似乎更希望迎合大众口味，购入的书籍甚至不被店员肯定。另一方面，劳伦斯后期主要关注出版方面的业务。

这种局面持续了一段时间，保罗·山崎用书店几乎"快要关门了"来形容当时的经营状况。"一本书摆在书架上，是否代表这个书店？是否经过独立思考？"如今，保罗·山崎用这些标准判断书的好坏。但在当时，管理问题加上"书不好"，成为这家几乎是象征地标的书店的致命伤。

当时的一个店员曾说，如果城市之光像其他书店一样摆放畅销书，或者员工自己都不喜欢的书，那就失去了这家书店的精神——当时这些店员的确纷纷开始找其他工作了。

几个员工感到惋惜，他们一起给劳伦斯写了一封信，陈述书店的经营问题。劳伦斯找来曾经在美国国会图书馆做管理员的南希·彼得斯（Nancy Peters）负责书店经营，

南希虽然当时已有其他工作邀约，但仍然答应了城市之光的工作。

"没有南希，这个书店就不会有今天。"保罗·山崎说。他回忆称，当时书店只剩下六个员工，南希到任后开除了原先的店长，扔掉了部分积压的库存——是的，扔掉。然后重新整理和上架书籍。四五年后，书才渐渐恢复元气。直到1984年，南希与劳伦斯成为书店的联合负责人。

房租自然是书店最重要的开支。1999年，原来的房东以当时市面上的最低价将这栋楼卖给南希与劳伦斯。书店的仓库就在书店背后，或者说一墙之隔。上下楼之间有一个像滑梯一样的木板让员工"运货"。书店和出版社的办公室在书店的二层。如果走进书店抬头看，也会看到二层隐约露出的办公空间，房顶有一个纸扎的风筝。

与其他独立书店相比，这个书店内一个特别的地方在于没有畅销书书架。你在这里看不到"最受欢迎"或者"畅销书"这样的标签。书籍摆放按照作者姓名的字母顺序，个别书籍会列出不同出版社的版本。书籍分类的标签是"欧洲文学""电影""爵士乐""LGBTQ""美国历史""社会学"以及"绿色政治"（即提倡反思现有政治体系的书籍）。

"我们想让读者即便是浏览书架也能学到一些东西。"保罗·山崎说。此外，城市之光出版社的书籍会有单独的书架展示。大部分正面面对读者摆放的书籍，会在下面加上打印的卡片，用不同的颜色区分出不同员工写的推荐语。其中既有对书中内容的点评和思考，也不乏"×××是我最近最喜欢的一本书，如果谁不喜欢

它，请不要说你是我的朋友"这样的调皮话。

这家书店的另一个特点是，不销售与城市之光无关的非书籍类商品。在城市之光入口处有印着"Howl（嚎叫）"和"City Lights（城市之光）"的短袖、布袋出售，购书过程中，店员会主动给书里夹一个城市之光的书签，如果消费者说要购物袋，店员会拿出一个牛皮纸纸袋装书。除此之外，店内没有其他非书籍类商品销售。"非书籍类商品可以带来很多销售额，很多书店是这么做的，我们现在还很幸运，不需要这样。"保罗·山崎说。

书店会经常举办线下活动，仍以文学为主。2001 年，旧金山市政府宣布城市之光书店为旧金山第 228 号标志性建筑，它不仅占据了影响书店最重要的因素之一——地理位置，同时，一条马路之隔的"垮掉的一代博物馆"正好和书店故事相得益彰。

"电子书出现的时候，很多人担心出版业和独立书店会消失，可实际上并没有。"保罗·山崎说。书店自然也不希望读者在这里看到喜欢的书后立刻掏出手机在亚马逊上下单。他在其他场合里说过，他观察年轻人的阅读习惯，认为 15 至 35 岁年龄段的年轻人在选书和读书平台上有独立的判断。

科幻小说《羊毛战记》的作者休·豪伊（Hugh Howey）曾经表达过这样的观点：在出版商、独立书店、连锁书店和作者这条商业链条里，独立书店是真正尝试将读者当成客户的一方。书店没有亚马逊能采集的购买数据，无法为用户画像，书店的书籍陈列方式也不同于亚马逊的推荐系统，像旧金山这样的书店，在书店的主人成为

房东，为书店去掉房租压力后，它最大的竞争力就在于它的独特性和历史，以及它对旧金山这个城市的意义。

"城市之光是旧金山图书销售的支柱。藏书在数量和质量上都很了不起，保罗·山崎是美国图书买手行业里最知名的业内人士。"多纳·帕滋·考夫曼（Donna Paz Kaufman）说。她是独立书店业务咨询公司 Paz & Associates 的创始人，自己也经营着一家书店。

只不过，作为零售业，即便占据了核心地段，人流量大，去掉了房租成本压力，城市之光仍然要面对两个核心挑战。

一是在如今生活成本越来越高的旧金山，如何为员工持续提供有竞争力的酬劳。保罗·山崎提到最近两个离开的员工，口中连连叹息。其中一位是因为退休，另一位搬去了中部的城市。保证员工在这个城市过着体面的生活，意味着一家历史悠久的书店也需要时不时地了解科技公司给员工的酬劳。毕竟，当年保罗·山崎靠在城市之光兼职工作就能支付生活成本的时代已经过去了。

另一个挑战集中在书店经营人的问题上。

City Lights Bookstore
地址：261 Columbus Ave., San Francisco, CA
营业时间：10:00 至午夜
电话：+1 415 362 8193

2018 年是保罗·山崎在这家书店工作的第 48 年，他的整个职业生涯都与城市之光绑在一起，而他为此感到骄傲。这是个听起来很美好的故事。但不可避免地，他也面临着略显棘手的问题——他需为书店培养接班人。

当年遇到经营危机时，一个同事曾对保罗·山崎说："如果这家书店的奋斗史淹没在迎合潮流的趋势中，那我们不如各自寻找新的出路。"

但愿他们不被淹没，始终是旧金山的城市之光。¶

走在独立书店前沿的人离开了乌特勒支

by／唐雅怡　**photo**／唐雅怡

在一些海外媒体对日本独立书店的推荐名单中，UTRECHT 书店（全名 UTRECHT/NOW IdeA）总会占据一席之地。这家位于东京都涩谷区靠近表参道区域的"名店铺"其实是一个书店、出版社、画廊的集成空间，店名来自荷兰第四大城市乌特勒支，"米菲兔之父"迪克·布鲁纳（Dick Bruna）便出生于此。

UTRECHT 书店内分为两个部分，进门首先是展览区 NOW IdeA，根据每次展览内容重新摆放书架，巧妙地规划布展方式。转角另一端则是书店 UTRECHT，四周的书架和中间的展柜上摆满了一般书店里找不到

UTRECHT
地址：东京都涩谷区神宫前 5-36-6 2C
营业时间：周二至周五 12:00 - 20:00
休息日：每周一
电话：+81 364274041

的、优秀的独立出版物，每一本的样书里都夹着一张或手写或印刷的彩色卡片，上面记述了对这本书的介绍、读后感或是评价，像是一种不动声色的交流。

UTRECHT 可以说是日本精选书店与独立出版组合的先驱。2002 年 7 月，第一任店主江口宏志创立了网上书店 UTRECHT，同年 11 月，UTRECHT 在东京代官山开店。

就在 UTRECHT 创立的前一年，平面设计师本杰明·索默哈尔德（Benjamin Sommerhalder）与朋友合伙，在瑞士苏黎世成立了一家独立出版社 Nieves，以出版艺术书籍及独立杂志（Zine）为主。

Zine，是杂志（magazine）和艺术志（fanzine）的缩写，这是艺术书籍的一种轻量的新形式。近 10 年，独立出版已成为一种时尚，Zine 在世界范围迅速增长，多数人把 Zine 看作独立出版的象征，但 Zine 这个词并没有被具体定义过，几乎任何独立印刷、装订、发行，并且不同于主流出版物的作品，都可以叫作 Zine。这些 Zine，在印刷和装订方式上都有所创新，比如运用各种特殊艺术纸、手工丝网印刷等小众印刷技术，也常用骑马钉或胶装以外的特殊装订方式，比如采用橡皮筋等装订，每一页都可以完整地取下，当作海报张贴。

现在凡是知道独立杂志概念 "Zine" 的人，都将 Nieves 视作独立出版业界精神领袖，

而 Nieves 的 logo，手捧一本白色小书的黑色幽灵 knigi，现在已经是独立出版的代表形象之一。

很多独立出版社都受到 Nieves 的影响，UTRECHT 也不例外。江口宏志之前没有任何图书行业相关经验，他在大学期间学的是工商管理，在经营 UTRECHT 之前，做了 5 年的邮购经销商，突然有一天，经营一家书店的想法击中了他。他非常喜欢荷兰平面设计，凭着自己的喜好，同时参考 Nieves 的模式筹备起了这家书店，收集并销售从欧洲带回的绘本与视觉书籍——尤其是荷兰的艺术、设计、摄影书籍，此外还有日本 20 世纪六七十年代的散文小说等。适逢本杰明当时正在寻找日本插画师，通过网络知道了 UTRECHT，很快，UTRECHT 成了 Nieves 的日本发行商，还在店内举办过 Nieves 100+Zine 的展览。

受 Nieves 影响，江口宏志更加留意独立出版公司与日本年轻艺术家。UTRECHT 的形态也不同于传统意义上的书店，它更像一个不断发出文化信息的地方，不只卖书，还从事翻译、引进工作。除了担任 Nieves 的日本发行商，UTRECHT 还引进了德国访谈类杂志《mono-kultur》的日文版。此外，UTRECHT 提出 "为活着的人做一本书" 的概念，限量发行 10 至 30 页左右的独立纸质杂志，出版与推广日本年轻艺术家的作品。

虽然现在东京有着 "独立书店数量世界之最" 的名号，Zine 与独立出版也在全球久负盛名，但那时，不以文字为主的书籍在日本是少数派，特殊印刷与手工装订也意味着高价格，艺术书籍并没有被广泛接受。

UTRECHT 从独特的视角出发，营造了一

个以书本为中心，与周围环境建立各种联系的空间。日本平面设计师服部一成正是从这一点出发，将 UTRECHT 的 logo 设计为从一本翻开的书拉出线状书签并缠绕成店名的组合形态。

独立出版拉近了出版者和书店的距离，从中也生出许多机会。除了作为 UTRECHT 的店主，江口宏志还担任过电台主持人、美术编辑，也经营过工作室，与设计师饭田江平等人合伙经营着一个名为"nomazon"的网上书店，出售亚马逊上没有的书。

现在，UTRECHT 团队已经参与过很多与书有关的企划，包括为旧书店提供有其独特性的企划，为商业空间或画廊做空间策划，参与杂志或网站的撰稿或活动对谈，承接杂志或企业画册的美术编辑工作等，也为"MUJI BOOKS"精选店、图书馆或是公共空间选书。在为无印良品选书时，他们特意选择了一些不同于这个品牌一贯以来简单干净风格的书，让消费者在店内购物时能在不经意间获得更多灵感与启发。

2005 年，UTRECHT 搬到中目黑的民居内，成为一家预约制书店，将纯白的浴室改造为画廊，开展各种活动，推动年轻创作者举办展览；2008 年，UTRECHT 又

搬到青山区域，变成一个更为开放的复合空间，那时就已经形成了书店 UTRECHT 与小型展览空间 NOW IdeA 结合的形态，当时，阳台上还有露天咖啡区域 aMoule。

独立出版的蓬勃发展给更多年轻、未成名的艺术家提供了表达自己的机会，也因为这是个足够时髦、门槛不高的事儿，更多出版物也随之出现。UTRECHT 总能选出让人惊喜的书，团队以"寻找有趣的书"为出发点，希望书店成为各种独特创意与灵感的聚集之地。店内的每一本书都经过所有成员共同讨论，最终，一本本或新奇特别，或符合书店气质的书陆续上架。中国台湾设计师聂永

真在他的书中这样形容 UTRECHT："虽然书店很小，但这里是很多艺术家和设计师寻找灵光的秘密基地，在亚洲极负盛名。"

搬到青山后，更多人带着他们的书来店拜访，部分书被留在店内售卖。同时，团队也不得不拒绝一部分优秀却与书店气质有出入的书。逐渐地，江口宏志和他的团队感到，全权由他们来评判作品的好坏是不公平的，便萌生出筹划一场艺术书展的想法，让艺术家可以亲自将作品展示给读者。

这个时候，原来在纽约当策展人的宫城太回到了日本，加入了 UTRECHT，伦敦

UTRECHT 在一个
非常难找的巷子里
安享一片静谧空间。

《Paperback》杂志的成员 Oliver Watson
搬来了东京，UTRECHT 与《Paperback》
组成团队 Zines' Mate，开始承办起每年
一度的"东京艺术书展（TokyoArt Book
Fair）"。书展起源于 2009 年，现在已经成
功举办了 9 届，3 天的活动中，除了书籍的
展示与售卖，还有主题企划、对谈、展览、
现场音乐会等环节。

现在，东京艺术书展已成为全球最大规模
的艺术书籍活动。规模从最初的 70 组艺
术家参展、8000 人到场，发展到 2017
年 350 组艺术家参展、2.3 万人到场，会
场也从最开始的商业复合大楼 —— 表参
道 GYRE、小型复合展览空间 —— 原宿
VACANT，转移到 2017 年的商业艺术复
合空间——寺田仓库的整栋大楼。

2015 年开始，书展设置了"主宾国"企划，
每年介绍一个国家或区域的出版文化，并

另一方面，江口宏志于 2016 年在千叶县众筹创立了"mitosaya 药草园蒸馏所"，开始了另一段植物与酿酒的全新人生。"这都是受到书的引导，"江口宏志说，"在经营书店的过程中，我渐渐感受到艺术家们的作品都根植于生活与食物，这之后，又从《Condiment》杂志中读到酿酒大师克里斯弗·凯勒（Christopher Kelle）的故事，我被震惊了，开始对酿酒产生了兴趣。"

他也似乎在延续着那位大师的人生轨迹。20 世纪 90 年代，平面设计师克里斯托弗在德国创立独立出版社 Revolver，出版了大量优质艺术书籍。当时，书的企划、编辑到设计全由克里斯托弗亲力亲为。2004 年，克里斯托弗离开出版社到德国南部乡下建造酒厂，酿造了运用 47 种植物原料手工蒸馏的植物金酒"Monkey 47"。

江口宏志离开 UTRECHT 后，带着全家前往德国，师从克里斯托弗，花一年时间学习酿酒，学成归国后便开始筹备蒸馏酒厂，联合负责运营过蓝瓶咖啡（Blue Bottle Coffee）东京清澄白河店等一系列海外餐饮品牌的石渡康嗣担任首席运营官，并邀请建筑师中村英之主理酒厂建筑设计。酒厂选址在千叶县房总半岛中央，他们改建了一个原本闲置的药草园，利用那里超过 500 种药用植物与野生水果的条件，酿造日式植物蒸馏酒。除了对嗅觉、味觉的追求，在包装、酒标设计上，江口也希望呈现出艺术书籍式的美感。

邀请来自这个国家或地区出版业界的代表人物参与策划。2017 年则邀请了中国、韩国、新加坡、中国台湾四个国家和地区的创作者，向全球介绍亚洲艺术出版的新生力量。

UTRECHT 在 2014 年第三次搬家，他们选了现在的位置，只留下了书店与展览空间部分。2015 年，江口宏志离开经营了 13 年的 UTRECHT，另一位创始成员冈部史绘接任第二任店主，这位在个人介绍中写着"野鸟 / 绿色系"的新店主原本是钓鱼用具制作者，加入 UTRECHT 后，冈部史绘参与了一系列自然主题的企划与创作，他同时担任以"街道和山之间"为主题的自然杂志《murren》的协作编辑，加入了以小鸟为主题的创作团体 kotoriten（意为"小鸟展览"），每天给飞到书店屋檐下的小鸟喂食，默默地观察记录，创作了一系列小鸟的插画 Zine 与相关的作品。

2018 年夏天，江口宏志的 mitosaya 蒸馏酒会正式开售。UTRECHT 也仍然静静开在一座小楼里，有一个每天喂鸟的新店主，在书架后等待与读者们相遇。¶

当他们拿起手机开始比价，实体书店的问题就来了。那些以"独立书店"之名存活下来的小店铺，利润的确并非很多有梦想的店长的首要目标，但为了维持运营，它们也在不断寻找提升差异化体验的经营方式——它们面临的问题都一样：为读者们提供来到自己店里的理由。

独立书店与商业书店真的有平衡点吗?

by/管家艺

2017 年 12 月 19 日,万圣书园的创始人刘苏里,西西弗书店的创始人薛野,以及季风书园创始人严搏非,在上海图书馆站站厅层的季风现场讨论"何为独立书店"。

季风书园组织的讲座、读书会、音乐会,都会放在自己的书店。讲台、座椅、灯光,没有过多的装饰,像大学校园里的教室小讲堂。当天,偌大的季风现场座无虚席,观众中有从 1997 年开始就光顾季风的读者,有同在季风现场发过声的大学老师,也有界界来宾。

这三位影响着中国当今书店发展状态的书店创始人,对独立书店的定义和展望各不相同。薛野和刘苏里仍乐观开放,只有严搏非不惮表露自己的悲观,"过去 5 年,季风本身做过很多尝试。我们尝试把季风从单纯卖书的地方,变成一个知识交流的场所。过去5年寻找新路,其实也都是失败的。在我看来,独立与商业的平衡,是做不到的事情。"

43 天后,季风书园上海图书馆店——季风在上海的最后一家店,以"书籍买二赠一、书架三元一斤"的方式迎来了与读者的正式告别。

被称为"上海文化地标"的季风书园创立于 20 世纪 90 年代,辉煌时期在上海拥有 8 家分店。华东师范大学历史系教授许纪霖常光顾季风,他欣赏季风的分类,称赞其"专业、清晰"——哪怕你不熟悉书店的布局,也可以马上找到自己想要的书,"季风因为是学者出身的人开的书店,所以非常懂得文化人、读书人、学者要看什么书"。

季风的选书塑造了季风的形象，而季风的书籍主要由创始人严搏非挑选。作为老三届里最早的一批哲学硕士，又有在上海社会科学院当研究员的经历，严搏非的文史哲背景得到了知识界的肯定。在选书时，他既关注学术思想领域新作，也与各类出版社保持着密切联系——这常常被认为是有选书能力的书店需要具备的素质。有读者曾在季风关店时买到了心仪已久的台版《牟宗三先生全集》——这位常逛书店的读者并不认为这套书会出现在其他书店。

严搏非选书时会节制自己对书中价值观的审判，他试图让季风成为一个各种思想都有容身之所的地方。所以在季风，观点对立的书反而常会摆在一起展示，"那些左派、新左派的东西，我也会让它放在那儿，尽管我完全不同意他们讲的每一句话"。

季风逐渐找到了自己的读者。在其他书店不会登上畅销榜的书，到季风可能颇受欢迎，一些冷僻书籍也能在季风找到销路。严搏非曾对媒体表示，在巅峰时，仅上海陕西南路地铁站这一家店，日销售额都能超过 6 万元。

严搏非也没有拒绝畅销书进入季风，在季风成立后的第六七年，卖的最好的书包括《谁动了我的奶酪》《富爸爸、穷爸爸》《从优秀到卓越》这类"给人当财富工具"的书。在地铁站这样的位置，这类书能够吸引人们到书店绕一圈。

但即便是这些"对的"读者，也渐渐有了

更多选择。一些过去常常光顾季风的读者，也不再把那里当成"非去不可"的地方。一个曾每天拜访季风的读者告诉严搏非，"我以往每年要从你们这儿买两三万块钱的书，但现在网上买只要六折，一年三万就是上万元的差别。我也不是很有钱的人，这一万元对我还是有意义的"。这让严搏非预感，实体书店的黄金岁月可能要过去了。

2008 年，季风的销售额仅为 6 年前全盛时期的四分之一。当时，陕西南路地铁站店的租约还有两年到期，但若按市场租金续约，这间 937 平方米的淮海路地铁商铺的年租金，已约等于该店全年销售额。当时季风即便出售书店所有资产，也只能按书价的 30% 偿付出版商的欠款。

一些读者、媒体发起捍卫陕西南路季风书店的活动。在多方斡旋下，季风以一个相对实惠的折扣拿到了续租两年的新协议。但 2012 年年初，季风再次面临合约到期。也就在那几年，上海陕西南路店的年销售额降至七八百万元，陷入亏损。最终，季风从陕西南路地铁站搬到上海图书馆站站厅层，经营者也从严搏非变成于淼。

从陕西南路店到上图店，季风做过空间设计上的改变。

2013 年 2 月，几位投资人组成投资团队进入季风完成了季风的重组，于淼是出资最多的投资人。初期，没有人对季风提出盈利需求。于淼也在试图对季风作出经营上的改变。2013 年上海图书馆店开业时，小包装的火龙果、龙眼、柠檬、辣椒、玉米等时鲜果蔬都曾出现在这家书店。虽然没有人再愿意承认季风的经营出现了问题，但季风上海图书馆店的客流确实不如在陕西南路的辉煌年代。在没有活动的日子里，读者们仍然缺乏拜访季风的理由。

从商业层面上说，季风面临的问题其实是中国实体书店共同的困境。在这个市场里，书价完全交由供需关系决定，以电商的订货量，很容易获得比实体店更高的价格优势。换句话说，实体店里创造了读者们接触到书的机会，但当他们拿起手机开始比价，实体书店的问题就来了。当书店没法通过销售自己的核心产品与服务获得收益，成本又逐渐上升时，大部分店铺都无法支撑下去。

但书店也有电商无法提供的体验。在此前

季风曾经试图加强
公共空间的定位，
举办各种讲座。

的经营中，严搏非意识到书店是一个天然的公共空间，寻找答案的人会因为书店的存在而相遇。于淼接手后，他试图强化季风公共空间的定位。

活动也许能成为书店的附加价值。除了免费对公众开放讲座、沙龙，季风也有以"季风十二讲"为主要形式的收费讲座——季风人文讲堂，人文讲堂每期会邀请一位学者，就历史、文学、艺术等领域的知识开课。它有些知识付费的意味，但线下活动也限制着它的规模。除此之外，季风也有"特别会员计划"，会员缴纳年会费就可以享受图书折扣、线上参与讲座、讲座音频回顾等附加服务。

另一方面，作为上海的文化地标，季风也获得过财政上的支援。2013 年，季风获得20 万元上海市新闻出版局的补贴和 100万元国家财政部对实体书店的首次试点性补贴。但显然，补贴并不能成为一家公司的可依赖性收入。

这也许是这家书店的矛盾之处。于淼并不愿完全以企业的态度来看待书店，他把书店看成一个社会性的企业，一种公益性的行为。在他的公开描述中，更愿意将书店运营看成艺术家式的运作方式："这个书店要是经营得好，就会有一个亿万富翁，愿意每年给我两百万，让我运营下去。换句话说，我就是那个赞助人，那件事是不是就很简单了？我只是希望这家书店可以在我们设想的意义之下，能够很好地存在。书店要生存不是问题，但问题在于你要经营什么样的书店。这完全是个人的选择。"

于淼所说的方式也有类似的例子，只是这些机构，会以社会学意义上的"the third

sector（第三部门）"的形式存在，体现为"财团法人""基金会""非政府组织"或者"非营利组织"等形式，而非私有制的公司。

如果把视野转向海外，那些以"独立书店"之名存活下来的小店铺们，利润的确并非很多有梦想的店长的首要目标。但为了维持运营，它们也在不断寻找提升差异化体验的经营方式——它们面临的问题都一样：为读者们提供来到自己店里的理由。

像是在东京——一个出版同样遭遇下滑趋势，独立书店竞争也足够激烈的城市，店长们也必须给读者提供更多自己的独特价值，才能让书店好好存活下去。在东京吉祥寺地区，也有一家旧书店叫"百年"，"将书里呈现的价值再一次呈现给读者"是其概念初衷，这也是日本第一批邀请作者在店内开办讲座的书店之一。此前，书店仅仅会找作者签售而已。如今，包括季风在内，做活动已经是书店都学会了的经营方式之一。

店长们的知识储备也能成为价值。辻山良雄是东京荻窪一家独立书店"Title"的店长，他曾在传统书店工作了18年，在他眼里，书店的工作，就是"把书介绍给读者"，每天，他会向读者介绍一本书，如今对书籍的介绍已集结成书出版，他的书店空间也会举办各类与书籍有关的活动。除此以外，他还为其他想要将书的概念引入零售空间的店铺提供选书服务。

如今，这种"选书"的做法也进入了一些东京书店的收入增长空间，读者与书店开始意识到，"选出适配不同店铺定位的书籍"既是能力，也是可以变现的资源。随着无印良品将书籍引入店铺，东京出现了越来越多的综合方式店铺，零售商们发现，书籍可以像室内设计资源一样，成为视觉陈列的一部分，那些了解书籍出版动态，拥有选书能力的人，正成为日本零售商们青睐的新顾问。在文化人当中负有盛名的青山图书中心（Aoyama Book Center），也曾受到市场冲击，历经破产重组，如今，它已正式将"为公司们或公共机构提供选书咨询"当作一个新生意。它的客户名单里，既有大学图书馆与酒店，也有公寓共用空间管理机构，它甚至愿意负责活动、展览上的选书与陈列。

但东京也有其特殊之处——价格管理制度能够支撑新书在上市期维持原定价，给书店塑造体验的时间；同时，书店也有探索与发展各自个性的空间。中国市场的书店面临的价格竞争要惨烈许多，独立书店更是面临更多困难。截至目前，在中国，几乎没有任何一家书店，能给出既符合这个市场环境，又在商业上有创新力与影响力的新答案。

严搏非退出了季风。但他仍然与这份工作有着联系：他一边专心于出版公司三辉图书的运营，一边继续负责季风的选书工作和季风书讯的撰写——这份书讯暂停于2017年年底。三辉和季风一样，是一家不以出版畅销书为目标的出版公司。

季风书园上海图书馆店关店后，季风在上海多次寻租新场地无果，但在"何为独立书店"讲座开场前的那个周六，济南季风正式开始营业。济南季风由独立团队运营，在这家店铺里，季风的绿色标识依旧，在空间设置上，除了保留上海季风的人文特色，还设置了新的"季风科学"板块。它的确与上海季风有些许不同了。¶

你发现了吗？
好书店有章法可循

by／唐雅怡　photo／唐雅怡

初到东京时，整日在周边闲逛，总是能在城市街角邂逅小小的独立书店。在目白鬼子母神神社逛完一天的市集，月亮逐渐升起，神社旁一间白色外墙和暖黄灯光的小屋子在薄薄的夜色中越发明显，走进后发现那是家名为 Popotame 的独立绘本书店，店内满是来自世界各地的绘本；去目黑川赏樱，却被河岸边的奶牛塑像吸引，走进松浦弥太郎主理的 Cow Books，小小的空间里摆满了主理人从世界各地带回来的摄影、美术和电影书籍；去惠比寿朝圣猿田彦咖啡，喝着咖啡刷着 Google 地图，得以初次拜访一个时间段内只展售一家出版社的书籍的独立书店 POST……

逛的独立书店越来越多，遇到越来越多未曾见过的、也从未主动接触的书，并被深深吸引，买的书越来越小众，此后又为了搜寻入手困难的绝版书，走访更多的独立书店，不断循环下，新世界的大门一扇一扇地打开。在买书和逛书店之间丈量着这座城市，转眼两年过去了，而东京仍有太多我没去过的独立书店。

早听闻东京是全世界书店最多的城市，但还是会不禁感叹，怎么有这么多各异的独立书店。

独立书店（Independent Bookstore），可以是"连锁

唐雅怡
就读于东京艺术大学设计系，
喜欢在东京瞎转悠，各个小书
店正是她日常探店必去之所，
尤其在意书店的设计细节与书
店体验间的关系。

📍 东京

书店"的反义词，通常是指以当地人独资运营，与当地社群紧密结合，选书相较于"连锁书店"更为小众，店内陈设更加私人化的小型书店。

作为实体书店，独立书店有别于线上书店。日本选书机构 BACH 创始人幅允孝提到过，他认为最理想的书店，是能够创造机会让大家把从来没听说过的书拿在手里的书店。这正是线上书店与实体书店出发点的区别，线上书店能让你快速入手你所知道的书，打开网页、选书、结账、物流配送、取件，便利的买书方式让人和书的关系简化到"点对点"。即便是线上书店的同类推荐，也是基于对浏览记录的算法分析，大都限制在一个类别里，但切实地置身于实体书店中，不经意间能遇到更多意想不到的惊喜，了解到之前所不知道的事物。人与书的关系，因为实体书店，有了温度与维度。

2017 年，英国生活方式杂志《Monocle》将实体书店数量纳入宜居城市的考量，这多少回应了书店在一座城市存在的理由。

在线上书店的冲击下，实体书店仍有不可取代的价值，"售卖"可以被线上购书取代，但"在场"的体验感却是独一无二的，实体书店能够建立起人与书、人与空间、人与人的某种联系，使其能够成为社区营造与公共知识生活的关键部分。可以说，实体书店是城市的真实核心，也是城市精神生活的多元化的外在表现。

受大环境的影响，书店的数量在逐渐减少，书店转型一度成为实体书店的讨论话题，为了负担成本，书店开始集成、复合地售卖各种东西，兼顾咖啡、展览、出版、工作坊……实体书店通过丰富的空间体验，加深与周围的联系，放大自身的"社区性"，这些从"消费"转向"体验"的新形态的书店空间为社区带来了新的活力；实体书店本身也慢慢超越商业模式，变为社区居民文化上的承诺。

独立书店也有别于目前越来越多的大型连锁复合集成式书店。

独立书店从主题到选书、陈设，都有着集成型书店没有的个性，它不再只是售卖的地方，而是展现独特观点的体验空间。通常实体书店的陈列会受到销量影响，但独立书店更多地坚持书架上的平衡感，店里可能有更加小众而深入的书、少见的独立出版物、入手困难的绝版书等。即便是同样的书，通过陈列方式的不同，比如书怎么摆放，与相邻的书之间的相互关系等，也可以看出书店独特的世界观。也正因为空间有限，在店里更能够感受到严格挑选后呈现在面前的书的妙处。

主题各异的独立书店对应了不同的诉求。在东京，不同的独立书店有着不同的主题与风格，每家店的书几乎都是不同的，我会自然地去不同的书店选购不同类别的书，例如专卖二手字体书的 Book and Sons；专卖稀有外文摄影集的 Shelf；以贩售设计、艺术类书籍为主，同时也是"东京艺术书展"主办方之一的 UTRECHT……不同的独立书店在城市里扮演的各领域中创意平台的角色，契合着不同的城市精神生活。

店内陈列与风格也对应着不同的主题，为书店主题旅馆 Book and Bed 主理选书的书店 Shibuya Publishing & BookSellers，在编辑部和书店间只设一面玻璃墙，希望书店也可以像在面包店那样前店后厂，让人们可以清楚地看到编辑部的工作状态；主打"一册一室"概念的森冈书店，每次精选一本书，则会相对应地更换空间内布置，以立体的状态来呈现这本书；以一本书配一瓶酒、一年承办 500 场活动而出名的本屋 B&B，希望人们感受到宇宙的广阔，将不同领域的书摆在一起，并在书架上最好的位置陈列自然科学领域的书籍；专门售卖独立出版物的老店模索舍，店内集结了大量自行印刷装订的"打印店"式出版物，大都是有些"愤青"的个人出版刊物，拥挤的走道、杂乱无章的陈设中，封面和书籍上的文字像是一句句大声的质问，安静而昏暗的空间竟让人感觉振聋发聩。

书店展现城市的态度，但书店存在的条件，或许也需要社区具备相应的对书店的多元文化诉求。

在东京逛书店的时候，我经常想象，如果回国开一家书店，要怎么选址，怎么选书，室内怎么设计。想着想着，觉得开书店有章法可循，但这样的书店若是开到国内，是否能存活下去，或许在于这个城市的人是否已经准备好。在东京，正是多元而包容的环境、人们对阅读的重视，为各异的独立书店提供了沃土，书店的主题不断细分，慢慢形成了现在的局面。

实体书店的开业可能只是多一个集成商铺，并不会提高当地居民的文化水平，但当我们正视书本和阅读对我们生活的影响时，书店才能在这个社区存活下去，然后慢慢细分与生长。

是时候，书店必须重新审视自己的位置了。也是时候，需要改变我们看待书店的眼光了。

Books&Gallery POPOTAME

大量绘本的独立书店
新刊／旧书／展览
www.popotame.net

地址：东京都丰岛区西池袋 2-15-17
营业时间：周一至周五 13:00-20:00
周六、周日 13:00-19:00
休息日：周三、周四不定期休息
电话：+81 359520114

POPOTAME 的 logo 是一只叼着书的可爱河马，这家位于池袋与目白之间的独立书店小巧而温馨，摆满了国内外的新旧绘本，创作者独立出版、自行出版的 Zine，艺术家的手作工艺品等，展览空间每两周更换一次展览。结账时店主大林小姐听说我是从中国来的，拿出一份她 2016 年到台湾做书店交流时准备的手绘英文地图，这份《给爱书人的池袋目白散步地图》我至今收藏着。POPOTAME 的位置靠近鬼子母神神社，神社每月第三个星期日举行的手作市集也相当推荐。

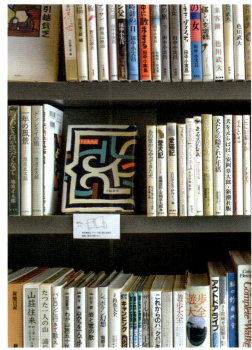

Photo | Zhao Hui

02

Cow Books

松浦弥太郎主理的书店
新刊 / 旧书 / 咖啡 / 品牌杂货 / 企划
www.cowbooks.jp

地址：东京都目黑区青叶台 1-14-1-103
营业时间：周二至周日 12:00-20:00
休息日：每周一
电话：+81 354591747

曾任杂志《生活手帖》主编的松浦弥太郎，如今已是日本生活美学代表人物，他主理的书店 Cow Books 已然成为东京目黑川的重要地标。最初吸引到我的，除了门口的奶牛模型，还有墙上的标语"COW BOOKS：everything for the freedom"。最初，松浦弥太郎开着装满书本的货车四处旅行，用他的方式将书介绍给路人，慢慢地，他将自己的生活美学理念运用到这家书店上。书架上摆满了松浦弥太郎从世界各地带回来的摄影、美术和电影书籍，珍贵的物件则被放在了恒温防潮的展架里。

03

POST

一个时间段内只展售一家出版社的书籍

新刊／展览／活动／出版／品牌杂货

www.post-books.jp

地址：东京都涩谷区惠比寿南 2-10-3

营业时间：周二至周日 12:00-20:00

休息日：每周一

电话：+81 337138670

POST 这家书店有一个非常独到的企划，书店希望在空间里呈现出普通书店里难以看见的出版社的世界观，店内在一个时间段内只展售一家出版社的出版物，每个展期内，店里的书会全部更换，并搭配出售以该出版社为主题的帆布包等。现在它已经和 MACK、ROMA、Gestalten 等多家国外出版社有过合作。POST 的网站也是线上展览，首页像是俯拍了一张整齐摊开摆放着很多书的大桌面，鼠标点击时书本会翻页。每次展期，网站上展示的书也会随出版社的改换而全部更新。POST 的另一个企划则是立体展示一位设计师，一个周期内只展示一位书籍装帧设计师的设计，并邀请设计师来分享他们的经历，深度呈现设计师这个角色与出版物的关联。

04

Book and Sons

设计师视角选书、专卖二手字体书的设计书店
新刊／旧书／展览／咖啡／品牌杂货
www.bookandsons.com

地址：东京都目黑区鹰番 2-13-3
营业时间：12:00-19:00
休息日：每周三
电话：+81 364510845

东京学艺大学周边，有着很多与衣食住相关的个性小店，这家由一位设计师主理的设计书店就位于其中一个宁静的住宅区里。书店的每个细节都充满着设计感，装潢由店主川田设计，白色的墙壁上，从黑色的大铁隔窗照进来的自然光营造出了一个舒适的空间，定制的木质书架上陈列着与设计、字体、印刷相关的新旧图书、杂志等。店主是一名网页设计师，搬家时发现新家放不下自己学生时代辛苦搜寻来的廉价好书，为工作室选址时恰好发现这里适合当店面，开书店的想法由此而生，他也期望为年轻人创造一种轻松的选书环境。书店里总是飘着咖啡香，也售卖品牌周边商品，展览空间内常年展出店主收集的字体设计的海报，也常有设计公司来办一些展览和沙龙。

05

Shibuya Publishing & BookSellers

出版社与阅读空间结合，从编辑视角来选书
新刊／出版／活动／杂货／企划
www.shibuyabooks.co.jp

地址：东京都涩谷区神山町 17-3
营业时间：周一至周六 12:00-00:00
周日 12:00-22:00
电话：+81 3 5465 0588

店如其名，位于东京都里涩谷的 SPBS，将出版与书店结合，不仅提供书，还开放展示藏身书店内的出版编辑部，希望书店也可以像面包店那样前店后厂，人们可以透过玻璃墙清楚地看到编辑部的工作空间与状态。"在这里制作，在这里销售"，在这个由出版社演变而来的阅读空间中，呈现着特别的"编辑视角"。书按照易于编辑与索引的时间线摆放，在店内能够注意到很多平时被忽略的书籍。SPBS 也为别的门店提供与书籍相关的咨询与企划服务，例如主题旅馆 Book and Bed 就是邀请 SPBS 主理选书。

06

Book Truck

移动书店
新刊 / 旧书 / 企划
www.facebook.com/Booktruck
不定营业时间与地点，具体请参见其
facebook 主页

Book Truck 是一家开在卡车上的移动书店，书店的主人三田修平原来是 SPBS 的首任店长，24 岁时他辞掉工作，改装了一辆卡车，开始了他的移动书店人生。Book Truck 车内有近 500 本书，除了新书、杂志外，也有精选的旧书，店主也会根据地点和人群选择合适的书籍陈列。Book Truck 的 facebook 主页上会公布接下来两个月的营业时间与地点，偶尔在爱知、长野等地市集上也能看到这辆蓝灰色卡车的身影。店主在横滨还运营着一家名为"三田商店"的实体书店，也为咖啡馆和精品店担任选书顾问。

07

Shelf

专卖外文摄影集
新刊／旧书
www.shelf.ne.jp

地址：东京都涩谷区神宫前 3-7-4
营业时间：周一至周五 12:00-20:00
周六、周日 12:00-18:00
电话：+81 334057889

Shelf 可以说打开了我摄影爱好的门，在这里意外遇见了很多非常喜欢的摄影集。位于 Watarium 美术馆旁一个安静的角落，专卖摄影集的书店 Shelf 已经开了二十多年了，店面很小但是很专业，狭小的空间里紧密地摆放着大量的书，八成是国外的新书，两成是旧书与日本国内摄影集。从新书到稀有书、绝版书，应有尽有，在这里能找到很多难找的、收藏级的摄影集。书籍摆放遵循摄影师的年龄成长史，翻阅中能够感受到摄影师风格的慢慢变化。值得一提的是，Shelf 的 logo 是由负责过《Quick Japan》等杂志设计的羽良多平吉操刀设计的。

南阳堂书店

专卖建筑书籍
新刊／旧书／展览
www.nanyodo.co.jp

地址：东京都千代田区神田神保町 1-21
营业时间：周一至周六 10:30~18:30
休息日：周日、节假日
电话：+81 3 3291 1338

东京神保町的古书店大多有些昏暗与局促，南阳堂书店却特立独行。这是一座像水泥盒子一样的建筑，于 1980 年由建筑师土岐新设计建造，2007 年日本菊地宏建筑事务所改造了书店的一部分。混凝土外观与大玻璃窗带来明亮通透的气氛，室内流线型的空间分割充满了轻盈感，整个书店带着现代建筑的美感。这是一家专营与建筑相关书籍的书店，1 至 3 楼售卖新旧书籍与杂志，4 楼不定期有与建筑相关的展览，可以说是建筑艺术类书籍的殿堂。书店会定期邀请建筑师在 1 楼的大玻璃窗上尽享涂鸦创作，这已成为南阳堂独特的风景线。

 09

本屋 B&B

书 + 啤酒
新刊 / 活动 / 啤酒 / 家具售卖
www.bookandbeer.com

地址：东京都世田谷区北泽 2-5-2 B1F
营业时间：周一至周六 12:00-00:00
周日 12:00-22:00
电话：+81 3 5465 0588

本屋 B&B 所在的东京下北泽是以剧团和二手店闻名的年轻人的圣地。"B&B"取自"Book & Beer"的首字母，和大部分提供咖啡的书店不同，喜欢小酌后阅读的创立人之一嶋浩一郎认为，喝酒后人和书的感情会变好，"一本书配一瓶酒"的书店便应运而生。不同领域的书被摆放在一起，书架上最好的位置陈列着自然科学领域的书籍。书店也出售店里的书架等家具。此外，与别的书店相比，本屋 B&B 有一个令人惊叹的标签，这里一年承办 500 场活动，以酒会友的机会每天都会出现。

模索舍

亚文化独立出版物
新刊/旧书
www.mosakusha.com

地址：东京都新宿区新宿 2-4-9
营业时间：周一至周六 11:00-21:00
周日、节假日12:00-20:00
休息日：外出举办活动或员工参加游行时会提早打烊
电话：+81 3 5465 0588

这是我去过的东京独立书店中气质最不同的一家，位于新宿二丁目，专门售卖独立出版物的模索舍。在 20 世纪 60 年代曾是小众传播物的资讯中心，现在仍可感受到书店自带的紧张气氛。书店完全颠覆我对东京书店整洁干净明亮的想象，店门外白色的外墙油漆严重脱落，零乱地挂着各种传单海报，店内走道、书架上堆满了有些积灰的书，年轻时曾参加政治抗议活动的店主坐在柜台后根本不招呼人。周围书架上，混乱地摆放着大量"天皇制研究""监狱与死刑""地下摇滚"等自行印刷装订的"打印店"式个人出版物。

写真集食堂 Megutama

边吃晚饭边看摄影集的食堂
新刊/旧书/展览/活动/餐食
www.megutama.com

地址：东京都涩谷区东 3-2-7
营业时间：周二至周五 11:00-23:00，
22:00Last Order (L.O.)
周六、周日、节假日12:00-22:00，21:00 为最后下单时间
休息日：周一
电话：+81 368051838

如果说要选一家将阅读和饮食搭配产生出奇妙体验的店，我会立马推荐"写真集食堂 Megutama"，这并不是一间售卖书本的书店，而是一家满是书的食堂。Megutama 位于惠比寿，靠近山种美术馆。店门是整墙的玻璃门，店内两侧则是整面墙的书架，书架上有超过五千册的写真集，既有最新出版的新书，也有稀缺、绝版的摄影集，它们都是日本摄影评论界代表人物饭泽耕太郎的藏书。饭泽与妻子及厨师一起创办了这家店，店内的中间区域，有开放式的厨房和供客人饮食及阅读的桌椅。客人可以在这里一边享用晚餐、喝着美酒，一边随意翻阅每一本摄影集。店内还定期举办摄影欣赏会、摄影讲座、摄影师会谈，甚至还有瑜伽、音乐会、单口相声等活动。要提醒注意：这里的书都是不售卖的。

Darwin Room

博物类书店／杂货店
新刊／旧书／活动／杂货／咖啡
www.darwinroom.com

地址：东京都世田谷区代泽 5-31-8
营业时间：周一至周四 12:00-20:00
周五至周六 12:00-22:00
休息日：节假日
电话：+81 368052638

位于东京都下北泽的 Darwin Room 就像一间自然博物馆，它离下北泽中心商店街有点距离，但只要路过，你一定不会错过——常常有人停在门口对着店内探头探脑，那就是了。
店外木质的门窗上爬满了植物，暖黄的灯光从窗子里透出来；店内同样是木质的地板与书架，摆满了大大小小的动植物模型、标本，还有与自然科学有关的新刊与旧书，也贩卖放大镜等研究工具，其中不乏店主从国外带回来的收藏品。店里时常可见进来小憩的当地居民，它也确实是一个与外部世界截然不同的异世界空间。
店内还定期举办自然科学讲座、交流会、读书会，对自然科学充满热情的店主，希望借由这家书店启发更多人对自然科学的好奇心。¶

是的，

即便有人对二手书有心理阴影。

当书籍进入再流通时，它的形态也就带有更多怀旧意味，

人们会为「爱好」「回忆」「收藏」等

各种理由踏进一家二手书店，

只是这个消费习惯，需要一个完整的产业链来支持。

Q7

二手书店，也能很酷？

MANDARAKE：
我们是"怪人"，
再开一家"怪店"

by／戴恬

在东京中野——一个充满平民情绪的街区，商店街的尽头连通着一栋长型，名叫"中野 boardway"的建筑。这座建于 1966 年的大楼被称为"魔之巢穴"，走进去的人仿佛爱丽丝掉进了兔子洞——天花板比一般的建筑低矮，有很多小隔间的店铺。业主似乎并不在意店家们把店铺变成什么样子，所以蒸汽朋克、cosplay、卖堆叠 9 层的网红冰淇淋老店、兜售名牌表的高级店、二手当铺、画廊、游戏厅……都出现在这一座楼里。

专门销售二手书籍与二手商品（当然大部分是二次元周边，也更好契合了它日文名"まんだらけ"的含义——都是漫画）的 MANDARAKE 总公司，就隐藏在这座建筑的四楼。要找到它并不容易，你要先穿过一个气氛肃杀到可以拍惊悚片、大部分时间都关着门的诊所的走廊，然后你会看见几个外星人雕塑塑封在几个椭圆形容器里，并且镶在墙上，透过圆形舱门一样的窗口，你甚至能发现几个穿着超级玛丽服装的人在一间办公室里走动。

这就是了，欢迎来到 MANDARAKE 总部。它的几间店铺零散分布在这座楼里，如果不那么熟悉地形，找到它们就像是一场探险。

在创建 MANDARAKE 的 1980 年，古川益藏，一个想成为漫画家的年轻人迎来了他的 30 岁生日。故事的起点也就在这一年。

古川益藏 18 岁上东京闯荡，一年后如愿以偿，以漫画家身份出道，但一直不是很红。"我是卖不出作品的漫画家。"他这样描述自己。

古川益藏
MANDARAKE 创始人、社长
📍东京

01

为维持生计, 他打过很多零工。1976 年, 古川益藏与同样给漫画家水木茂当助手的山口芳则一起, 在东京调布地区开了一小间名为"忧都离夜"的漫画古书屋。后来房租上涨, 经营难以为继, 山口芳则回了老家青森县, 古川益藏则相中了自己曾经寄住的中野 boardway—— 这座建筑从五楼开始往上是住宅, 他在二楼租借了一间仅 2 坪 (约合 6.6 平方米) 大小的隔间, 开了一家新书店, 起名"まんだらけ (MANDARAKE)"。

开店之初, 古川益藏开一辆面包车, 载着 MANDARAKE 早期员工到日本各地寻找二手漫画。当时, 漫画古书的价值还未被广泛发掘。确实, 若非爱好者或业内者, 很难发现这些漫画身上的财富密码, 可在懂行的那一小撮人眼里, 他们会用"传说"这个词去形容那些大名鼎鼎的漫画家在红起来之前用别名发表的作品, 再给它们贴上一个让人咋舌的价格标签。

当时, 一本名为《utopia 最后的世界大战》的漫画号称价值百万日元。这是《哆啦 A 梦》的作者藤子不二雄的出道作品, 那时, 这个漫画家组合的名字还叫"足塚不二雄"。这本书的"1953年初版"现仅存四本, 在日本亚马逊上, 即使是 1981 年的复刻版, 也开价到约 5 万日元 (约合 3000 元人民币)。

01 | Photo | Fabian Ong
02-03 | Photo | 叶秉凡

除了古书屋之外，古川益藏的目标还包括在日本一度火爆，但渐渐没落的漫画租书屋。他找到一个有效的判断那些租书屋够不够厉害的方法，他照着黄页上的租书屋号码——电话他们，询问对方是否有《影》与《街》的过刊——这是过去专供租书屋的漫画杂志，内容丰富，大部头，而且比较贵，一般人很难承受这些价格——如果得到肯定的答复，那么就说明租书店开店悠久，藏有更珍贵的图书的可能性很大，值得一去。古川益藏用"准备去远足的幼儿园小朋友和获得了藏宝图的海盗"来形容自己当年每次出发时的心情。他的足迹从东京一直到京都，在故乡滋贺稍作休整，再奔赴日本南部的九州，最后从四国地区绕去大阪。大部分租书屋将旧漫画打包处理，在这些漫画中，当时能卖出去的只有一成多一点。常常是面包车上塞满了漫画书，古川益藏他们只能寻找缝隙将自己"塞进去"。

无论这个故事的开端有多么局促，就这样，MANDARAKE 开起来了。为了吸引更多人驻足，古川益藏辟出店内一半空间放漫画新刊。他还勤于保持店铺整洁，让女性顾客也愿意进来看看。

日本经济的常年不景气，是这些二手店铺能够存活下来的直接原因之一。人们消费意愿低迷，"节约"也早已是日本消费者习惯的一个关键词。不仅如此，因为各种原因绝版的书籍也可能出现在某个二手书店的书架上。小型古书店们，也靠着店主的选书能力，在读者中树起了好口碑。截至2015 年，日本二手书商组合联合会有超过2300 间店铺会员，它们遍布日本各地，支撑着书籍与知识的再流通。

MANDARAKE 的生意终究是慢慢做了起

MANDARAKE 东京中野店带有奇特的蒸汽朋克感。

MANDARAKE 近年营收与净利润 ●销售额 ●净利润 单位：亿日元

2012	2013	2014	2015	2016	2017
86.73	94.63	94.81	91.47	91.72	95.83
3.45	6.74	6.96	6.04	3.61	4.1

数据来源：MANDARAKE 历年财报，该公司财年计算为上一年 10 月至本年 9 月

02

03

这里是二次元的寻宝天堂，提供各种"意料之外"。

01

01-02 | Photo | Fabian Ong
03 | Photo | 叶秉凡

02

03

来。现在，这家专卖漫画的店已经迁移到了中野 boardway 的三楼正中间，而且打通了好几家隔间，连成一片。少年少女漫画、同人创作等漫画被用塑料纸包裹起来，整齐地码在高大且狭窄的书架之间，四五名店员穿梭其中，照看着生意。

如今，除了旧漫画外，在中野 boardway 建筑的各个楼层中还分布着各个主题的 MANDARAKE。实际上，开张五六年后，一些客人开始带来一些奇妙的新东西，古川益藏也把生意开始扩展到销售各种各样的商品：二次元周边、漫画手稿、扭蛋玩具系列、海报、招牌甚至列车模型。这些东西，捕捉的都是人们的"兴趣"。

2017 年，他又在中野 MANDARAKE 开了一家 nanya（なんや），在日文中谐音"什么屋"。这里贩卖一些不够完整的商品，有的没有包装或说明书，有的缺少零件。这些商品没有标价，价格全凭顾客自己与店员交涉。古川益藏说，那是为了锻炼店员的沟通能力。

如今，古川益藏在中野 boardway 就像运营着一个"MANDARAKE 综合王国"，挂着他们招牌的，已有30家主题店铺。除了那件蒸汽朋克风格的漫画总店之外，各类店铺分类精细，是一个又一个爱好的集合体：有"交通宅"最爱的"大车轮"，里面摆满了各种精致的车模型；还有专卖与娃娃相关的店铺"plastic"，货架上日本本土的娃娃"Licca-chan"（りかちゃん）整齐排排坐；还有一家名为"konpeito"（こんぺいとう），主要摆放着小时候吃零食送的各式小玩具，比如吃巧克力送的玩具小汽车、小怪兽等，店里甚至销售零食的包装，一个旧铁制点心盒子的售价可以开到

5000 日元（约合300元人民币）。这些玩具店数量占据中野 MANDARAKE 店铺的三分之二。那些二次元周边产品与玩具，也是如今 MANDARAKE 最赚钱的部分。

这些店铺大多窄小，店里只有一两个店员。他们似乎不大热心于卖东西，也不主动和客人搭话，总是低头忙碌着手头的事情——整理新收到的商品，或忙着上货。

"MANDARAKE 的店员都是那个领域的 mania（狂热人士）。"MANDARAKE 宣传部的山本真也说，在他们公司，公司职员可以提议开任何主题的店铺。但提议的人必须首先展现自己对这个领域的热情和知识。

"我们的社员都是'妖怪'，"古川益藏说，"大家都是在普通的日本社会无法生存的人。"他还抱怨，员工们看见他也不会打招呼。但比起中规中矩的那些工薪族，他说，自己更喜欢这些忠于自己价值观的"怪人"。

这些被主流文化视为"好吧，有点不太一样"的人，在 MANDARAKE 有着恰到好处的位置。古川益藏给穿着 cosplay 服装，画着整齐 cos 妆容上班的店员开出了更高的时薪。这是让 otaku 们心动的空间——想想吧，为你结账的可能正是那个你超喜欢的动漫人物！

MANDARAKE 会在现场收购二手商品，这也成了让人在店铺多逗留一会的好理由。店员们判断的依据有两类：要是很常见，就根据已有的商品出价；若是很稀有的商品，鉴别真伪与开价，就要靠社长古川益藏的眼力。古川益藏掌握着珍稀漫画的最高鉴别权，玩具、卡片这类物品，也各

01
02
03
04
05
06
07
08
09

● Reader Side

01 @vi.chris まんだらけ的"不思议稲荷"

02 @rrb_show #梅蒂尔 #银河铁道999 #中野 #boardway #manndarake

03 @snufkintravels

04 @unyunyo00

05 @pekomamma 中野是宅商品的集中地之一，有着它自己独特的氛围

06 @_teammagma 去 MANDARAKE 微购物了! 猜猜我们买了哪张?

07 @hin1973 在秋叶原发现了标价一百万

日元的卡片

08-09 @aser628 东京涩谷 MANDARAKE 的异次元空间，以及它的中野办公室外墙的外星人

有资深员工专门负责。

"但也会失手。"古川益藏承认。如果客人在 MANDARAKE 买到了假货，店铺就要赔偿。"现在，这方面的赔偿金额已经超过 1000 万日元（约合 60 万元人民币）了。"与此同时，古川益藏的这门特技，也作为公司风险写进了对投资人的报告书里。这家公司承认，由于业务对社长"过度依赖"，万一老板离职或出了什么问题，公司业绩将会受到严重影响。

即便如此，这个有些单一的生意还是继续了下去。在日本，二手书籍、玩具等交易，已经成为一条完整的商业链。按照 MANDARAKE 宣传部山本真也的说法，他们将收购的物品经过清洁、包装，再以收购价格的两倍重新定价——但也有读者认为，二手书店们会用更低的价格收购。漫画书或同人本分类摆放在书架上出售，玩具、模型或是角色卡片则像美术品一样陈列在多层玻璃展柜中，配有专门给它们打光的小灯。

对古川益藏来说，没有所谓"没用的商品"，只有错误的销售时间。即便是漫画旧作，也有可能时隔数年动画化；旧作也有新价值，尤其是在各种周年纪念或重播的时候。看的人多了，寻找这部漫画周边的人也会多起来，这样的消息都可能成为 MANDARAKE 的巨大商机。日本动漫文化对海外的影响也能成为生意——一些漫画在海外非常抢手，"比如美少女战士的相关周边，"山本真也说，"在海外一直有很高的需求。"

在古川益藏眼里，MANDARAKE 的商品只是在仓库里等待属于它们的时机。2004 年，MANDARAKE 花了 28 亿日

元，在东京东部的千叶县香取市建造了一家占地约 2.64 万平方米的综合销售中心 MANDARAKE SAHRA，这面积可能比一个体育场还略大一些。它同时也承担仓储功能，MANDARAKE 收购的商品会被录入于此，网上下单的商品也从这里出仓。截至 2016 年，这里已录入超过 2000 万条各类商品信息。

MANDARAKE 目前已经进入日本 7 个城市的 11 个地区，虽然不乏东京涩谷、秋叶原，或者大阪梅田、心斋桥热门商圈，但店铺的位置总有一些微妙——你知道它在那个区域，至于哪幢楼或者哪一层，那要好好查找一番。这也更符合古川益藏的选址倾向："隔地铁站一两条街的小巷子里"。在那里，房租通常不会那么高，对有心寻来的顾客来说，也不至于太过偏僻。

各地的店铺也有属于自己的风格，古川益藏试图让不同店铺更契合这个街区的个性标签。仅在东京，池袋的店铺开在"乙女路"上，店内多在贩卖女性受众喜爱的漫画、游戏或同人作品；涩谷的店铺货架上，摆上了应援扇、写真这类偶像周边商品；在秋叶原店，你能找到齐全的电玩老机器，除了漫画，还会卖 cosplay 的服装和假发。

在每年的财报中，MANDARAKE 都对海外消费者寄予厚望，它向投资人表示，电商、访日游客免税策略让公司营收"稳定上升"。山本真也说，现在 MANDARAKE 电商渠道销售额大约三成来自海外。它也曾经试图在海外试试这门生意，1999 年，MANDARAKE 曾在美国洛杉矶开过一家店，但很快就关店了。对此，古川益藏解释是店里的小偷让他抓狂。但也有说法表示，国际税费让利润稀薄，难以为继。¶

如今所有的书店都遇到了同样的问题：
在亚马逊时代如何盈利？
大多数独立书店在商业模式方面的想象空间
都止步于咖啡与活动，但是我们可以看看——

STRAND：
一家独立二手书店的 90 年

by／李蓉慧　**photo**／STRAND Books

STRAND 书店也因它丰富的非书籍类商品而出名。

搜索"STRAND BOOKSTORE"，会看到一段英文介绍："Landmark shop specializing in new, used & rare books from philosophy to finance, plus bookish gifts."简单翻译，即这是一家销售新旧图书、稀有书籍，以及书籍周边的知名书店。

但凡研究下 STRAND 的故事，你会发现，这句介绍写得太谦虚了。就书店本身而言，STRAND 是纽约地标式的独立书店，红色的 STRAND 店面是它的标志，它有超过90年的历史，以销售二手书出名。

更值得注意的是 STRAND 在书店以外的生意。根据媒体于 2014 年的报道，STRAND 有 15% 的收入来自 T 恤、明信片等非书籍类商品。总店里每天会举办活动，甚至举办过婚礼。STRAND 还有一项订阅图书服务，每个季度为订阅读者寄书。它还为室内装修和特殊活动提供设计和咨询服务，时尚品牌 Kate Spade 和眼镜品牌 Warby Parker 都曾经与 STRAND 合作，用 STRAND 的图书作为装饰品。

"我们当然知道人们在亚马逊上下单买一本书，第二天就送到家门口的体验有多么迅速和方便。但是如果人们想体验社区感，爱好图书，希望与人交流，也需要一些有专业技能的人帮他们推荐图书，那么 STRAND 能提供的就是这些电商购物不能覆盖的体验。"STRAND 的公共关系负责人雷·阿尔丘勒(Leigh Altschuler)说。

在加入 STRAND 之前，雷·阿尔丘勒是这家书店的常客。她对传统书店的历史有兴趣，她也认为，作为一家书店，STRAND 可以同时吸引世界各地的客人和本地居民，从零售的角度来说，是不错的生意。

STRAND 的核心业务仍是书店经营。它和所有的独立书店一样，都需要面对房租水电、购书渠道和销售等经营问题。而作为当年纽约"书店一条街"中唯一一个坚持做书店生意至今的品牌，STRAND 的历史以及它的商业故事，也成了人们谈起这家书店时最感兴趣的事情。

STRAND 丰富的藏书量也在吸引读者不断拜访。

2018 年是 STRAND 书店开业的第 91 年。是的，91 年。STRAND 书店的创始人是立陶宛移民本杰明·巴斯（Benjamin Bass），STRAND 是他开的第二家书店。此前，他的第一家书店位于格林大街（Greene Street）和第八街，但不算成功。

STRAND 的名字取自伦敦的一条街道，那里曾是先锋派作家和出版商聚集的地方。同样爱好图书的本杰明也想在纽约开一家书店，出售人们喜欢的书，使图书爱好者们会集在一起。

当时是 1927 年，25 岁的本杰明拿出 300 美元积蓄，加上借来的 300 美元，在第四大道、10 街和 11 街之间开了 STRAND 书店。当时附近六个街区内共有 48 家书店，在 20 世纪 80 年代，那里被称为纽约的"书店一条街"（Book Row）。

那时还是图书是明星商品的好时候，整个行业形势乐观。本杰明动用各种人脉，在 STRAND 会聚了一批作家。雷·阿尔丘勒回忆说，本杰明非常喜欢二手书，在扩张门店生意的同时，利用自己在出版行业积攒的人脉，在私人藏书馆和地产业搜罗、购入或便宜，或稀有的书籍。这也是 STRAND 红色的店铺标志旁边会从上到下依次写着"Old（旧）""Rare（少）""New（新）"的原因。

让这家书店陷入困境的是 20 世纪 30 年代美国经济的衰退。"大萧条"期间，STRAND 附近的书店渐渐消失在人们的视野中。STRAND 自己也一度无法支付得起房租，幸运的是，当时的房东——新阿姆斯特丹（纽约曾经叫作新阿姆斯特丹，最早是荷兰殖民者在这里定居）最后一任总督彼得·史蒂文森（Peter Stuyvesant）的继

承者同情 STRAND 书店，允许 STRAND 不支付房租继续经营。这是 STRAND 能够成为"书店一条街"的唯一幸存者的根本原因。为了感激房东的支持，在二战期间纽约限制房租的政策下，本杰明主动提高了房租。从这里也可以看出，到二战前后，STRAND 的书店生意已有所恢复。

1956 年是 STRAND 历史上的转折点。因为在这一年，本杰明的儿子，真正让 STRAND 成为后来世界上最大的二手书店的弗莱德·巴斯（Fred Bass）接手了 STRAND。

弗莱德从 13 岁开始就在书店帮忙。媒体们报道说，除了服兵役的两年，弗莱德其余的时间都在为 STRAND 效力。他一生都与书店联系在一起：弗莱德在 2018 年 1 月去世，他于 2017 年 11 月从 STRAND 退休，中间只隔了两个月。

弗莱德服兵役结束返回纽约后，跟随父亲经营书店，为了方便，他干脆住在书店附近。1956 年接手后，他把书店搬到了东 12 街和百老汇大街的交界处，也就是 STRAND 现在的位置。最初只占据这里的一层，直到 1970 年扩展到楼上的另外三层。现在这个书店已经拥有三层半的空间，另外半层被用来做仓库。

弗莱德对 STRAND 最大的贡献在于拓展了二手书生意。在接受媒体采访时，他曾说过，出售新书是生意的一部分，这很正常；而二手书是一个更大的市场，二手书的购入成本更低，但要求书店有更大的库存。

STRAND 的员工曾经对英国《卫报》表示，弗莱德会从不同的渠道购书，有时候

STRAND 书店在二
手书上体现出让人惊
叹的生意眼光。

包括海外的批发商。他最突出的商业能力
就是能以更低的价格购入二手书，有报道
称，STRAND 购买赠阅本（出版商在印刷
和大批分销新书之前的版本）的价格是正
常价格的四分之一甚至更少。从批发商处
购买图书时，弗莱德也会将购书价格降到
40% 左右——正常情况下，出版社给独立
书店的折扣是原价的 46%。

发展二手书市场有效拓展了 STRAND 的

代主义作家詹姆斯·乔伊斯的《尤利西斯》，标价 3.8 万美元。

20 世纪 90 年代看起来是独立书店的繁荣时期，STRAND 已成为纽约象征一般的存在；远在西海岸旧金山的城市之光书店也从 80 年代的经营危机中松了口气，逐渐找到了独立书店的经营之道。

但故事就是如此的跌宕起伏，站在今天回头看，1997 年是又一个关键节点。让它变得关键的并不只是 STRAND 成为世界上最大的独立二手书店，还来自一个西海岸的创业公司。

库存，让 STRAND 的藏书从 7 万多本增加到 20 世纪 60 年代的 50 万本。弗莱德给书店打出了"18 miles of book（图书延展 18 英里）"的口号，可见其对库存的自信。到 20 世纪 90 年代，STRAND 已有超过 250 万本藏书，现在，雷·阿尔丘勒也会纠正说，其实 STRAND 的口号应该更新为"25 miles of book"。

这一年 5 月，一个离开纽约去西雅图创业几年的年轻人终于实现了阶段性的目标，带着他创办的公司在纳斯达克上市。上市前三天还被自己最大的竞争对手告上法庭，第二年又要面对另一个竞争对手的诉讼。这一切也许说明了，一个正在崛起的挑战者让对手们感到了威胁。

为了有效管理库存和扩张，弗莱德与旧金山城市之光书店做了同样的决定：买下书店所在的建筑。1996 年，弗莱德花 820 万美元完成了这个决策。一层到四层用作书店经营，其余楼层出租。

这个公司就是亚马逊。如今我们都知道了，亚马逊以在线销售图书开始它的"万物商店"版图，根据公开信息，上线两个月内就在美国 50 个州和全球超过 45 个国家和地区销售图书。在它上市前对它提起诉讼的是美国最大的连锁书店巴诺书店，第二年再次把它告上法庭的是沃尔玛。这两起官司最终都以庭外和解的方式收场。

由于库存量大，弗莱德还在纽约布鲁克林的日落公园买下了一个仓库用于藏书。当时布鲁克林的房地产价格远远不是今天被城市士绅化改造过的夸张景象，选择在那里建立仓库，显然是出于降低成本的需求。

当时出版行业似乎感受到了互联网的威胁，但也很难预料到亚马逊对图书出版业的冲击会走向今天的局面。

弗莱德和他的书店跑赢了时间。到 1997 年，STRAND 已经是世界上最大的独立二手书店，书店内最古老的书是亚里士多德所著的《大伦理学》（Magna Moralia），价格为 4500 美元。最贵的图书是爱尔兰现

作为家族生意的 STRAND，虽然没有像巴诺书店那样与亚马逊开始剑拔弩张的竞争，

但也开始做一些新的商业尝试。历史再次重复，新的尝试来自新的管理者——弗莱德的女儿南希·巴斯·威登（Nancy Bass Wyden），和她的父亲一样，她先是离开纽约一段时间，再回来时就继承了家业。

可以这样总结 STRAND 的三个发展阶段：本杰明让 STRAND 熬过大萧条和二战，为书店经营打下基础；弗莱德通过达成扩张二手书生意和买下建筑这两个关键成就，为经营书店去掉了最大的两块成本；到了南希的时代，她可以在书店日常经营以外，为独立书店在新时期的发展寻找方向。不少美国媒体将 STRAND 书店如今的一系列创新之举归功于南希的大胆尝试。和

城市之光"只此一家，别无分店"风格不同的是，STRAND 除了位于纽约百老汇大街 828 号的总店，还在时代广场、中央公园有两个像报刊亭一样的小店，在 SOHO 和布鲁克林区分别有门店，以及在面向中高端消费群体的服装品牌 Club Monaco 第五大道 160 号的门店里设有店中店。

雷·阿尔丘勒说，在新门店的选择上，STRAND 的原则仍然以售书给不同的人为主要目的。选址方面，时代广场、中央公园这些位置都像 STRAND 一样，与纽约这个城市直接相关，而像与 Club Monaco 这样的品牌合作，主要基于双方的消费者重合度高，服装与图书结合，可以给消费

者提供一些"意外惊喜"的购物体验。不过 STRAND 目前暂时没有其他开店计划。

总店仍是 STRAND 的根基。和城市之光书店一样，STRAND 也对员工的阅读习惯和阅读水平有要求。最出名的是弗莱德发明的面试题——将作者和书籍配对，考验面试者的阅读量。这个面试题有多出名？《纽约时报》曾经以它为主线讲述那些做过面试题的人的故事，当然那篇文章最终还是要说书店的故事。雷·阿尔丘勒也做过这套题，但她也表示，演变至今，这套题已经成为一个为面试增加点乐趣，或者通过面试题看看面试者性格的选择之一。

STRAND 现在有 200 名员工，曾经有一些艺术家在这里工作，最出名的就是美国摇滚女诗人、画家帕蒂·史密斯（Patti Smith）。帕蒂公开表达过在 STRAND 工作的体验并不怎么样。更有趣的是，STRAND 邀请员工把对书店的不满画出来，于是出现了一本叫作《On The Books》的书，并且这本书在 STRAND 中有售。

就图书生意本身来说，最重要的还是让拥有如此大库存量的 STRAND 书店里的书"有机组合"，让书籍更具有动态性，而不只是摆在书架上。不仅让消费者看到员工推荐的书籍，也让消费者找到自己想要的书。这是提高店内书籍销量，更好管理库存的基础。

"STRAND 的藏书和历史非常受人尊敬，也是纽约这个城市的象征。但就书店来说，STRAND 最大的挑战就是如何提高坪效。"书店经营咨询服务公司 Paz & Associates 的创始人多纳·帕兹·考夫曼（Donna Paz Kaufman）说。

在陈列分类上，STRAND 仍按照传统的图书分类方法。每周二会有新书到店，但数量没有统一标准；消费者卖给 STRAND 的二手书，STRAND 会尽量在第二天就摆上货架，每天书店会购入大约 1000 本二手书。占据 STRAND 库存 55% 到 60% 的二手书是销售的重点。

它还有一些自己的点子，试图用信息组织和分类的方法把店内的书用不同的方式集结起来。除了常规的图书分类，STRAND 有一个知名的1美元打折图书货架。为了引起消费者对冷门书籍的注意，STRAND 的员工会把书评写在黄色标签上。每个月 STRAND 会有主题活动，例如5月的主题是诗歌，STRAND 每天邀请一位诗人到书店里读诗，推广诗人的作品，也让诗人推荐相关图书。

研究书店生意的多纳·帕兹·考夫曼说，如今的明显趋势是：对旅游者来说，书店是一个城市的景点之一；对本地人来说，书店则是一个社交场所，或者像星巴克的"第三空间"定位。

南希意识到书店生意的变化——过去人们会在书店里待很久，找自己想要的书。但现在人们待的时间很短，很有目的性，或者和朋友成群结队来的。还有很大一部分客源是游客。

"关于纽约的书籍就是为游客准备的。"南希说。显然，从在时代广场、中央公园这些地方开分店时，STRAND 就已经意识到了自己"旅游景点"的标签，因此总店里专门有与纽约旅行指南有关的书籍，只不过游客的生意往往会受制于旅游旺季和淡季的影响。此外，STRAND 不仅出售非书

弗莱德和女儿南希将 STRAND 书店塑造成今天的样子。

籍类商品，还在内部成立了一个设计团队，负责设计手提袋（Tote）、马克杯等纪念品。

"我们在 2017 年卖出了 10 万个手提袋，很多双袜子，设计方案主要是来自我们内部的设计师。"雷·阿尔丘勒介绍说。在《赫芬顿邮报》关于 STRAND 的手提袋生意的报道中还提到，就像所有的独立书店希望将书店作为载体表达观点，STRAND 的设计师也借手提袋在做同样的事。在音乐剧《汉密尔顿》成为百老汇一票难求的音乐剧时，STRAND 的设计师将其中的歌词印在手提袋上；在特朗普当选总统时，STRAND 也同样通过类似的方法表达了书店的政治立场。

如何让陌生人记住自己——STRAND 在营销方面有不少让普通人产生印象的有心之举。曾有消费者称，在 STRAND 买的二手书里发现了书"主人"留下的字条，这成了消费者在 STRAND 购书的意外之喜。STRAND 也有不少名人光顾的故事，美国前总统比尔·克林顿、音乐人大卫·鲍威（David Bowie）都曾出现在这个书店里。大卫·鲍威甚至公开为 STRAND 发声，称："你不一定能在这里找到你想要的书，

但是你总能遇到一些你都不知道自己会很想看的书。"

STRAND 也是不少电影的拍摄地。1993 年上映的电影《六度分离》以及 2010 年上映的《记住我》（Remember Me）都曾在这里取景，其中，《记住我》的男主角罗伯特·帕丁森（Robert Pattinson，也是《暮光之城》系列的男主角），他在《记住我》中扮演的角色就是 STRAND 书店的店员。

针对本地居民客源，STRAND 强化"社交"属性，甚至想把书店的空间变成纽约城中的文化活动中心。雷·阿尔丘勒称，STRAND 每天都会有活动，甚至有时候一天里有几场活动。STRAND 曾经与交友应用 OKCupid 合作举办社交活动，也曾经有情侣在 STRAND 举办婚礼——不只是因为他们喜欢 STRAND 这个书店，也因为这里是他们第一次见面的地方。

与普通独立书店不同的是，如今 STRAND 擅长利用社交网络来讲述书店的故事。雷·阿尔丘勒的工作里也包括运营 STRAND 的社交媒体账号，她会在周二在社交媒体上介绍进店的新书，周三介绍

作家，周五贴出员工推荐书籍。此外，还会配合特殊节日发布，让读者有关联印象，产生类似"hashtag#（标签）"式的功能。

大多数独立书店在商业模式方面的想象空间都止步于此了，但 STRAND 想了更多。为了继续扩大图书销售，STRAND 没有选择很多独立书店甚至连锁书店会选择的在书店里开咖啡厅或餐厅，而是开始图书订阅服务、图书馆以及图书装修设计的服务。

"作为一家有 90 年历史的书店，怎么才能扩大我们的足迹？我们的核心思路仍然是怎么把书卖给更多的人。"对此，雷·阿尔丘勒给了个答案：思考社交媒体、网站的作用以及我们和纽约的关系，找到那些喜欢看书，但可能不会每天来书店的人。

叫作"The Book HookUp"的图书订阅服务就是为这个人群设计的。简单来说，消费者支付订阅费后，STRAND 会以一个季度为时间单位为订阅用户寄送图书。书籍由 STRAND 员工挑选，在每个季度末发邮件给用户，列出将配送的书单，如果用户不喜欢，可以折算成店内的积分，STRAND 想让这些消费者感觉到订阅带来的附加值，所以会尽量提供签名版图书，还有日记本、马克杯、零食等小商品。STRAND 也和 UberRush 合作，在曼哈顿提供当日配送服务。目前这个订阅服务共有超过 600 个订阅用户。

另一个出名的尝试就是图书装修咨询服务"Books by the Foot"，它包括三个选项。第一个是针对想要快速建立个人图书收藏的人，STRAND 提供打折的平装廉价书（paperback），以每英尺 15 美元收费，或

者精装版书籍，以每英尺 300 美元为收费标准。

第二种是特别定制的书籍收藏。STRAND 员工根据消费者的需求，建立一个符合个人风格的个人图书馆，这项服务针对个人、公司与组织们开放，STRAND 的员工类似咨询师，以每小时 200 美元的价格收取咨询费。

第三种就是租书服务，在婚礼、拍照等现场出租图书。但 STRAND 没有透露收费标准。

前面提到的 STRAND 与 Kate Spade、Warby Parker 的合作就都来自这个 Books by the Foot。除此之外，STRAND 也与学校的图书馆合作，愿意拿出 STRAND 的藏书，丰富学校图书馆的库存。

不要用情怀去简单地解释这些行为——虽然不排除有此原因。但关键不在这里，这更能体现 STRAND 在商业角度上的思考，它正在以图书为切入点，寻找其他与书有关的使用场景，调动、利用并消化弗莱德建立的二手书库存。

这些实体店也面临着与城市之光书店一样的挑战，在纽约这样的城市，飞涨的生活成本不容忽视，STRAND 也必须思考如何为员工提供有竞争力的薪资回报。它的计划里包含了新的媒体渠道，运用社交媒体以及发展新业务都需要更懂得年轻人需求的新员工。

作为家族生意，书店最重要的资产就是它的历史，南希和她的后代打算将这个书店带向何处，只有时间才知道答案了。¶

01   Photo | Fabian Ong

02   Photo | 胡思二手书店

03   Photo | Fabian Ong

林士尧
高校设计专业教师，入门级藏
书爱好者，喜搜集印刷装帧精
美的古旧书籍和印刷品。阅读
量不算大，却尤为爱买书，对
二手书店情有独钟。

📍 福州

台北二手书房：
城市边缘的精神补给站

by／林士尧

在几年前的一次闲聊中，我第一次听说了孔夫子旧书网这样的二手书交易平台。之后，我就像是一只掉进了胡萝卜堆的兔子，只要有闲下来的时间，就一遍又一遍地刷页面淘旧书。这其实是无奈之举，因为在我工作和生活的城市，想找一家称心如意的书店都不算是一件容易事，更何况是可以尽情翻找喜欢的二手书的书店了。

2011 年下半年，因为工作关系，我在台北住了一段时间。与颇有名气的茉莉二手书店（Mollie Used Books）的邂逅，也是我淘旧书习惯的开始。

茉莉二手书店的店名据说从创始人夫妇的姓名中各取一个汉字谐音而成，目前在台湾有四家分店，除了台中和高雄各分布一家之外，其余两家都开在台北，分别在台大和师大边上。因为活动半径的关系，茉莉台大店是我最经常光顾的二手书店。

这间书店没有开在人流量特别大的艺文小店扎堆的大街上，而是落在一条相对安静的窄小巷子里。书店占地并不大，藏书量却不小。地面和地下各设有一层，地面一层主要摆放着哲学、历史、艺术和其他社科类的书籍与期刊杂志，地下一层的书架上则大部分是小说、诗歌和散文一类的纯文学书籍，以及 CD 旧唱片。我每次到茉莉台大店，都会直接走到底，再左转，这里是艺术类专区，只要花点耐心，就能在这里找到很多品相相当好的外版画册，并且售价通常都不贵。

来店购书的，绝大部分是台大的教师和学生，即使不是周末，这里进进出出的客人也络绎不绝。收银台前摆放

01 茉莉书店
02 胡思书店
03 古今书店

01 03 | Photo | Fabian Ong
02 | Photo | 胡思二手书店

01

茉莉二手书店台大店

www.mollie.com.tw

地址：台北市中正区罗斯福路四段 40 巷 2 号

营业时间：周一至周日 12:00-22:00

电话：+886 2 2369 2780

古今书廊二手书店

www.facebook.com/pnpbook

地址：台北市中正区罗斯福路三段 244 巷 17 号

营业时间：周一至周日 12:00-22:00

电话：+886 2 2363 6358

02

03

胡思二手书店

whosebooks.myweb.hinet.net

地址：台北市中正区罗斯福路三段 308-1 号

营业时间：周一至周日 12:00-22:00

电话：+886 2 2363 2168

01 茉莉书店
02 胡思书店
03 古今书店

着店长选出的到店新书。为了不断充实书架，书店的经营者常年在台湾甚至全球范围内甄选、收购二手书。在店内选书的时候，偶尔也能听到店长和来电的书友细声确认上门收书的时间和具体地址。

尤为值得称道的是，茉莉台大店在收银柜台靠近门口的位置特别辟出了一个很小的角落，用来放置客人热心提供的购物袋，倡导塑料袋的循环再利用。有需要的买书者可以在结算完书款之后，在这里自行取用。另外，书店的入口设计有坡道，方便残疾人士通行，同时也作为新到店书籍的进出通道。

在离茉莉台大店不远的地方，胡思二手书店（Whose Books）的招牌挂在一个不起眼的小角落里。书店分为上下两层，面积比茉莉台大店小一些，因而图书的分类陈列不如茉莉做得精细和准确。书店一楼集中的主要是中外文学、社科类和艺术设计类的书籍；沿着一道狭窄的楼梯上到二楼，这里的书架摆放更接近于大学图书馆的老格局，架上的图书则以财经类和休闲读物为主，另外还专门立了几个书架摆放日版图书。和茉莉二手书店稍有不同的是，胡思外版旧书的比例不大，但是运气好的话，

还是可以以非常实惠的价格购入一整套保存完好的外版老书。

同样是在公馆周边，古今书廊二手书店看上去就不似茉莉和胡思那样规模化经营，它更像是一个老书虫的私人图书馆。单间单层的店面结构让这家旧书店看起来十分特别，面积虽然不大，但是林立着好几列书架，两排书架之间的通道可以说十分狭窄。书架有点旧，架上书籍的摆放也没有明确的分类依据，想要从这一排排满满的书架上找到想要的书，不花上一点时间是做不到的。古今书廊的店内采光条件并不好，而且没有提供冷气，只安装了几盏金属吊扇，天气热的时候来店里找书，算得上是对意志力的考验了。虽说古今书廊的硬件设施略显粗糙，可就是这种朴素得甚至略显寒酸的质感，再加上能在这里找到稀罕的绝版书的诱惑，还是会令藏书爱好者无法抗拒。

因为有诚品和金石堂这种大型的连锁书店的存在，在台北乃至整个台湾地区，独立书店的生存状态算不上理想，而专注于旧书市场，将目标客户群定位于藏书爱好者和高校师生，似乎是避免被前者挤压的一个合理的出路。¶

图书在版编目（CIP）数据

下一代书店 / 赵慧 主编. — 北京：东方出版社, 2018.8

ISBN 978-7-5207-0471-7

Ⅰ. ①下… Ⅱ. ①赵… Ⅲ. ①书店－研究 Ⅳ. ①G235

中国版本图书馆CIP数据核字（2018）第160053号

下一代书店

（XIAYIDAI SHUDIAN）

主　　编：赵　慧

出版统筹：吴玉萍

责任编辑：赵爱华

责任审校：凌　寒

出　　版：东方出版社

发　　行：人民东方出版传媒有限公司

地　　址：北京市东城区东四十条113号

邮　　编：100706

印　　制：鸿博昊天科技有限公司

版　　次：2018年8月第1版

印　　次：2018年9月第2次印刷

开　　本：787毫米×1092毫米 1/16

印　　张：14.25

字　　数：224千字

书　　号：ISBN 978-7-5207-0471-7

定　　价：59.00元

发行电话：（010）85924663　85924644　85924641

DREAMLABO
未 来 预 想 图